Grundkurs Philosophie
Erkenntnis- und Wissenschaftstheorie

GRUNDKURS PHILOSOPHIE

Band 4
Erkenntnis- und Wissenschaftstheorie

Von Wolfgang Detel

Philipp Reclam jun. Stuttgart

RECLAMS UNIVERSAL-BIBLIOTHEK Nr. 18471
Alle Rechte vorbehalten
© 2007 Philipp Reclam jun. GmbH & Co., Stuttgart
Gesamtherstellung: Reclam, Ditzingen. Printed in Germany 2007
RECLAM, UNIVERSAL-BIBLIOTHEK und
RECLAMS UNIVERSAL-BIBLIOTHEK sind eingetragene Marken
der Philipp Reclam jun. GmbH & Co., Stuttgart
ISBN 978-3-15-018471-4

www.reclam.de

Inhalt

Einleitung 7

11. Wahrnehmungstheorien 12
   Die Idee der Wahrnehmung 12
   Traditionelle realistische Wahrnehmungs-
      theorie 15
   Sinnesdaten-Theorie 17
   Repräsentationale Wahrnehmungstheorie 24
   Naiver Realismus in der Wahrnehmungstheorie
      (Disjunktive Wahrnehmungstheorie) 27
   Eine psychologische Wahrnehmungstheorie ... 31
   Philosophischer Kommentar zur Theorie
      visueller Systeme (TVS) 40
   Die Zuverlässigkeit von Wahrnehmungen 44

12. Epistemologie 48
   Die Idee des Wissens 48
   Traditionelle Epistemologie 49
   Varianten der klassischen fundamentalistischen
      Epistemologie 54
   Gettier-Probleme 57
   Externalistische Epistemologie 64
   Epistemologische Prinzipien und der
      Skeptizismus 69
   Epistemologischer Kontextualismus 72
   Der Schema-Inhalt-Dualismus und die kognitive
      Rolle des Geistes 81

Inhalt

13. Allgemeine Wissenschaftstheorie 89
   Die Idee der Wissenschaft 89
   Abgrenzbarkeit wissenschaftlicher Theorien . . 95
   Bestätigung und Widerlegung wissenschaftlicher
      Theorien 109
   Akzeptanz und Verwerfung wissenschaftlicher
      Theorien 119
   Wissenschaftstheorie und Wissenschaftsgeschichte 124

Übungen 143
   Übungen zu Kapitel 11 143
   Übungen zu Kapitel 12 144
   Übungen zu Kapitel 13 147

Literaturhinweise 151
Register 156

Einleitung

Dieses Buch ist der vierte Band einer fünfteiligen Einführung in die Grundlagen der theoretischen Philosophie, die um zwei Bände zur Ethik und zur politischen Philosophie ergänzt werden soll. Theoretische Philosophie befasst sich vornehmlich mit Aktivitäten und Ideen, die mit der Art und Weise zusammenhängen, wie wir die Welt auffassen und auf sie reagieren – mit dem Fühlen, dem Denken, dem Argumentieren und dem Erklären, aber auch mit unseren Ideen von der Natur, vom Geist und vom sozialen Bereich.

Eines der zentralen Ziele der ersten fünf Bände der kleinen Reihe besteht darin, einen Überblick über alle wichtigen Teildisziplinen der modernen theoretischen Philosophie zu liefern. Die Bände stellen ein ausführliches Kompendium der modernen theoretischen Philosophie dar, das die wichtigsten Begriffe und Positionen aller wichtigen Teildisziplinen der modernen theoretischen Philosophie präsentiert, und zwar in einer möglichst knappen, genauen und verständlichen Form. Der damit verbundene inhaltliche und formale Anspruch unterscheidet die folgende Darstellung sowohl von allgemeinen Einführungen in die Philosophie als auch von speziellen Einführungen in einzelne philosophische Teildisziplinen.

Der riskante Versuch, einen derartig umfassend angelegten Überblick zu liefern, ist in didaktischer Hinsicht dadurch motiviert, dass es in der modernen theoretischen Philosophie sehr viele Details zu lernen gibt, dass es aber zugleich wichtig bleibt, nicht den Blick auf das Ganze zu verlieren. In theoretischer Hinsicht ist die Anlage der Bände dadurch motiviert, dass sich die Teildisziplinen der theoretischen Philosophie in den letzten Jahrzehnten immer stärker miteinander vernetzt haben. Dabei sind vor allem die großen Fragen der Philosophie wieder aufgenommen und zum Teil auf eine neue und höchst interessante Weise beantwortet worden.

Die Präsentation des umfangreichen Stoffes erfolgt rein systematisch. Philosophische Vorkenntnisse werden nicht vorausgesetzt. Die Begriffsbildungen und Positionen werden Schritt für Schritt eingeführt und bauen aufeinander auf. Daher werden sie nummeriert. Dabei bezeichnet die erste Zahl die Bandnummer und die zweite Zahl die entsprechende Explikation (= begriffliche Erläuterung). Die Nummerierung läuft durch alle Bände durch, beginnt also nicht in jedem Band von vorn. »1.35« verweist beispielsweise auf Explikation 35, die in Band 1 steht, »3.150« auf Explikation 150, die in Band 3 vorkommt, und »5.300« auf Explikation 300 und damit auf die letzte Explikation in Band 5.

Fast alle Explikationen werden kommentiert und durch Beispiele erläutert. Wenn zu einem eingeführten philosophischen Begriff ein weiterer Fachausdruck existiert, der dasselbe bedeutet, wird er in den meisten Fällen in runden Klammern hinter einem Gleichheitszeichen angegeben.

Der Text enthält zahlreiche interne Verweise auf Explikationen, die bereits eingeführt wurden, zuweilen aber auch auf Explikationen, die erst später eingeführt werden. Dadurch soll das begriffliche Netz, das in diesen Bänden entfaltet wird, transparenter und die Erinnerung an schon eingeführte Kontexte geschärft werden. Ein Verzeichnis der wichtigsten Begriffe dient demselben Zweck. Zu den einzelnen Kapiteln und den meisten der aufgeführten philosophischen Explikationen werden am Ende eines jeden Bandes Übungsaufgaben gestellt, die den Lernprozess unterstützen und zugleich auf die konkrete Anwendbarkeit der eingeführten Explikationen verweisen.

Von ihrer Anlage her gesehen stellt diese Einführung daher einen Grundkurs dar, der auch einem Selbststudium und als Hintergrundinformation für philosophische Proseminare dienen kann. Die einzelnen Kapitel und Bände bauen begrifflich und sachlich aufeinander auf, sollten also in der angebotenen Reihenfolge studiert werden. Alle Kapitel und Bände zusammengenommen entwickeln die Grundzüge einer einzigen umfassenden Theorie. Mit Hilfe eines guten Philosophie-Lexikons können die einzelnen Bände allerdings auch unabhängig voneinander gelesen werden.

Der erste Band der Einführung in die theoretische Philosophie behandelt argumentationstheoretische und logische Grundlagen, auf die in allen weiteren Kapiteln zurückgegriffen werden muss. Der zweite Band beschäftigt sich mit philosophischen Theorien zu den grundlegenden allgemeinen Bausteinen der Welt, d. h. mit Metaphysik im allgemeinsten Sinn – insbesondere mit Theorien des Seins (Ontologie oder Metaphysik im spezielleren Sinn), mit der Naturphilosophie und mit der Theorie natürlicher und lebender Systeme. Der dritte Band hat den Geist mit seinen unterschiedlichen Ebenen zum Gegenstand, also den Ebenen des Fühlens, des Denkens, der Sprache und des Bewusstseins. Dieses Thema wird im vierten Band weitergeführt mit der Behandlung weiterer Formen des Geistigen, nämlich von Wahrnehmung, Wissen und Wissenschaft. Der fünfte und letzte Band schließlich behandelt den Bereich der Handlungen, des Sozialen und ihrer wissenschaftlichen Analysen. Vom zweiten bis einschließlich dem fünften Band wird also in Umrissen die Entwicklung vom Natürlichen über das Geistige zum Sozialen aus philosophischer Perspektive nachgezeichnet.

Einschlägige philosophische Texte und Autoren können in dieser Einführung aus Platzgründen nicht diskutiert werden. Am Ende der Übungen eines jeden Kapitels der Bände werden jedoch einige moderne Texte (Artikel oder Buchabschnitte) angegeben, in denen zu den entsprechenden Themen Bahnbrechendes geleistet wurde. Die Texte wurden so ausgewählt, dass ihre Lektüre mit einigen der wichtigsten Autoren bekannt macht, die die heutige Philosophie geprägt haben.

Ein Werk, das auf schmalem Raum einen Überblick in dieser Spannweite versucht, muss letzten Endes eine Kompromisslösung bleiben. Nichts kann hinreichend ausgeführt werden, vieles muss ausgelassen oder vereinfacht werden. Ein besonders schmerzliches Defizit ist der – aus Platzgründen erforderliche – weitgehende Verzicht auf eine ausführliche Darstellung der Argumente für und gegen die eingeführten Positionen. Ich bin jedoch im Laufe meiner Unterrichtstätigkeit zu der Überzeugung gekommen, dass die Vorzüge eines solchen Überblicks seine Nachteile übertrumpfen. Einer dieser Vorzüge besteht darin, dass die Leser anhand dieses Überblicks recht schnell entscheiden können, ob sie philosophische Probleme interessant finden und welche dieser Probleme ihnen besonders attraktiv zu sein scheinen.

Diese Einführung in die theoretische Philosophie soll ihrem eigenen Anspruch nach nicht empirisch immunisierte begriffliche Vorschläge präsentieren. Einige der Positionen und Begriffsbestimmungen, die auf den folgenden Seiten skizziert werden, sind in der heutigen Philosophie umstritten und repräsentieren nicht die Auffassungen des Verfassers des Grundkurses. Vielmehr werden durchweg Standardbegriffe und Standardpositionen präsentiert, die weit verbreitet sind und die man daher kennen sollte, wenn man die laufenden Debatten zur gegenwärtigen theoretischen Philosophie angemessen verstehen möchte. Außerdem handelt es sich im Folgenden um Vorschläge, die mit dem Anspruch auf Weltwissen verbunden sind. Die Philosophie des Geistes glaubt beispielsweise, das reale mentale Phänomen der Repräsentation weitaus angemessener und raffinierter analysieren zu können als Psychologie und Neurobiologie. Die Kehrseite des philosophischen Anspruchs auf Weltwissen besteht freilich darin, dass sich auch philosophische Theorien an der Wirklichkeit bewähren und sich gegebenenfalls von anderen empirischen Wissenschaften belehren lassen müssen. In diesem

Sinne versteht sich dieser Grundkurs auch als ein Angebot an nicht-philosophische Wissenschaften, sich bei Bedarf über Grundzüge der modernen Philosophie rasch zu orientieren.

Die Anlage dieser ersten fünf Bände verdankt sich langjährigen didaktischen Experimenten und Erfahrungen mit einem Grundkurs zur theoretischen Philosophie der Gegenwart, den ich wiederholt am Philosophischen Institut der Goethe-Universität Frankfurt a.M. durchgeführt habe. Außerordentlich hilfreich waren dabei die (anonymen) Evaluierungen der verschiedenen Varianten des Grundkurses. Die Tutoren und Tutorinnen, die die Tutorien zum Grundkurs engagiert betreut haben, konnten mir aufgrund ihrer intimen Kenntnis des Stoffes und der Diskussionen in den Tutorien viele wichtige Hinweise zur besseren Verständlichkeit des Textes und der Übungsaufgaben liefern. Für dieses Engagement möchte ich mich bei allen Beteiligten herzlich bedanken.

11. Wahrnehmungstheorien

Die Idee der Wahrnehmung

Mit dem Thema Wahrnehmung wenden wir uns *erkenntnistheoretischen (= epistemologischen) Fragen* im weitesten Sinne zu, denn in einem weitherzigen Sinne sind zuverlässige Wahrnehmungen Erkenntnisse über die Welt. Dazu gehören auch die Theorien des Wissens und die Wissenschaftstheorie, die wir in den nächsten beiden Kapiteln besprechen werden.

Wahrnehmungen und Zustände des Wissens einschließlich des wissenschaftlichen Wissens – also *epistemische* (= auf das Erkennen bezogene) Zustände – sind spezifische repräsentationale mentale Zustände (3.104) mit Gehalten, die ein Verfügen über Informationen (3.127–3.128) darstellen, insofern sie zutreffend sind. Zumindest einige epistemische Zustände können auch phänomenal erlebt werden, beispielsweise Farbwahrnehmungen oder Geruchswahrnehmungen. Und viele epistemische Zustände, die bei Menschen vorkommen, können sprachlich beschrieben werden, d. h. sie haben sogar propositionale Gehalte. Insofern müssen Theorien der Wahrnehmung, des Wissens und der Wissenschaft theoretisch an die Theorien des Geistes und insbesondere der Repräsentation, der Sprache und des Bewusstseins (Band 3) angeschlossen werden.

Die philosophischen Theorien der Wahrnehmung, des Wissens und der Wissenschaft verfolgen gewöhnlich zwei verschiedene Ziele. Zum einen versuchen sie, die Formen, den Umfang und den Ursprung epistemischer Zustände zu bestimmen, und zum anderen möchten sie ihre Möglichkeit und Zuverlässigkeit untersuchen. Diese beiden Fragestellungen werden auch in den folgenden drei Kapiteln leitend sein. Wenden wir uns aber nun der grundlegendsten Form des Erkennens zu – der Wahrnehmung.

Idee der Wahrnehmung

Unter *Wahrnehmungen* verstehen wir gewöhnlich den Gebrauch unserer Sinne für den Erwerb von Information (3.127–3.128) über die Welt – also um mit Gegenständen, Ereignissen und ihren Eigenschaften in der Welt mit uns herum vertraut zu werden. Dies geschieht gewöhnlich durch *sensorische Diskrimination*, d. h. durch Unterscheidung und Klassifikation von Gegenständen und Ereignissen nach jenen Eigenschaften, die den Sinnen zugänglich sind. Wir können Dinge, Eigenschaften und Ereignisse wahrnehmen. Wir können beispielsweise eine Blume riechen, die Struktur eines Kleidungsstoffes sehen oder eine Explosion hören. Traditionell werden fünf Sinne unterschieden – die beiden *Nahsinne* Tasten und Schmecken, die nur operieren können, wenn Objekte die Oberfläche des wahrnehmenden Wesens erreicht haben, und die drei *Fernsinne* Riechen, Hören und Sehen, die sich auf entfernte Objekte richten. Wahrnehmungen werden häufig mit Erlebnissen (also mit Zuständen des phänomenalen Bewusstseins (3.167 (1)(a), 3.168)) und Urteilen in Verbindung gebracht, denn Wahrnehmungen können zu Erlebnissen und Urteilen führen. Aber wir können Erlebnisse wie Schmerzen, Freude oder Nervosität haben, ohne etwas wahrzunehmen, und wir können etwas wahrnehmen, ohne dabei Erlebnisse zu haben; wir können etwas wahrnehmen, ohne zu urteilen, und wir können urteilen, ohne etwas wahrzunehmen. Wahrnehmungen sind also weder mit spezifischen Erlebnissen noch mit spezifischen Urteilen identisch.

Die philosophischen Diskussionen über das Phänomen der Wahrnehmung knüpfen an ein offensichtliches Problem an: Die Wahrnehmung scheint auf der einen Seite die grundlegendste Form zu sein, in der wir und andere Tiere Information über die externe Welt gewinnen können. Wenn wir Dinge, Eigenschaften oder Ereignisse wahrnehmen, scheinen wir einen direkten und glaubwürdigen Zugang zu der externen Welt zu haben. Viele weitere Formen der Information und des Wissens scheinen von der Wahrnehmung abzuhängen, darunter allgemeines und wissenschaftliches Wissen, das als besonders objektiv und zuverlässig gilt (zum Informationsbegriff: 3.127–3.128). Wahrnehmungen sollten daher ebenfalls als objektiv und zuverlässig gelten können. Tatsächlich gebrauchen wir den Begriff der Wahrnehmung meist als Erfolgsbegriff: Wahrnehmung wird gewöhnlich als *korrekter* Erkenntnisakt verstanden. Wir würden nicht sagen, dass eine Person X wahrnimmt, wenn X nicht existiert. Auf der anderen Seite scheinen Wahrnehmungen jedoch grundsätzlich perspektivisch zu sein: Die Tatsache, dass wir etwas wahrnehmen, heißt stets, dass uns etwas auf bestimmte Weise erscheint, beispielsweise in einer bestimmten Entfernung, unter einem bestimmten Winkel, in bestimmten Lichtverhältnissen und in Abhängigkeit von unserer eigenen physiologischen Verfassung. Außerdem gibt es Sinnestäuschungen (4.184 (3)) – Illusionen und Halluzinationen (4.183 (3)–(4)). Perspektivität (3.167 (2)(b), 3.168 (d)) und Sinnestäuschungen schränken den Informationswert und die Zuverlässigkeit von Wahrnehmungen ein. Entscheidend dabei ist, dass aus introspektiver Sicht zuverlässige Wahrnehmungen und Sinnestäuschungen *ununterscheidbar* sind – sie scheinen in uns auf dieselbe Weise gegeben zu sein. Wenn uns scheint, dass dort ein gelbes Auto steht, dann ist unser innerer sinnlicher Eindruck von jenem gelben Auto dort derselbe, gleichgültig ob dort ein gelbes Auto oder ein rotes Auto oder überhaupt kein Auto steht. Wie steht es angesichts dieser Befunde also mit dem Informationswert und der Zuverlässigkeit von Wahrnehmungen, und sind Wahrnehmungen tatsächlich die Grundlage all unserer Erkenntnis über die Welt? Das ist die zentrale Frage, mit der sich die philosophischen Wahrnehmungstheorien befassen.

In diesem Kapitel beschäftigen wir uns mit den vier wichtigsten philosophischen Wahrnehmungstheorien –

mit der *traditionellen realistischen Wahrnehmungstheorie* und den drei einflussreichsten modernen Wahrnehmungstheorien, der *Sinnesdatentheorie*, der *repräsentationalen Wahrnehmungstheorie* und dem *naiven wahrnehmungstheoretischen Realismus* (2.46–2.49) (auch *disjunktive Wahrnehmungstheorie* genannt). Zum Abschluss des Kapitels wird eine interessante *psychologische Wahrnehmungstheorie* skizziert und philosophisch kommentiert. Die leitende Fragestellung ist, wie diese Theorien mit dem oben genannten Kernproblem umgehen.

Traditionelle realistische Wahrnehmungstheorie

Wahrnehmung scheint, wie angedeutet, stets korrekte Wahrnehmung zu sein. Aber wir nehmen externe Gegenstände stets unter einer bestimmten Perspektive wahr. Wenn wir beispielsweise ein gelbes Auto sehen, dann sehen wir eine bestimmte Seite des Autos unter anderem aus einer bestimmten Entfernung, unter einem bestimmten Winkel und unter bestimmten Lichtverhältnissen. Dennoch ist unsere alltägliche Intuition, dass das, *was* wir sehen, das gelbe Auto ist. Und wenn wir, wie in den meisten Fällen, keinen Anlass haben, an der Zuverlässigkeit unserer Wahrnehmung zu zweifeln (die Lichtverhältnisse und unsere Augen sind gut), dann gehen wir davon aus, dass dieses gelbe Auto zum Zeitpunkt unserer Wahrnehmung existiert – und zwar auch unabhängig von unserer Wahrnehmung: Es ist wahr, dass dort zu dieser Zeit dieses gelbe Auto auch dann stehen würde, wenn weder wir noch irgend eine andere Person dieses Auto wahrnehmen würden. Mit dieser Einstellung vertreten wir eine *realistische Wahrnehmungstheorie*.

Allerdings könnte man einwenden, dass die realistische Wahrnehmungstheorie der Perspektivität (3.167 (2)(b), 3.168 (d)) der Wahrnehmungen zu wenig theoretische

Aufmerksamkeit schenkt. Sicherlich nehmen wir die Gegenstände selbst wahr, aber doch, wie man sagen könnte, *mit Hilfe* eines perspektivischen Bildes der Gegenstände. Wir nehmen z. B. Fachwerkhäuser wahr, aber *mit Hilfe* eines Blicks auf eine oder zwei ihrer Seiten unter einem bestimmten Winkel, aus einer bestimmten Entfernung und unter bestimmten Lichtverhältnissen – so ähnlich, könnte man denken, wie wir einen Gegenstand mit Hilfe eines Spiegels wahrnehmen. Der *indirekte Realismus* in der Wahrnehmungstheorie macht in der Tat geltend, dass wir externe Gegenstände nur indirekt mit Hilfe bestimmter Abbildungen dieser Gegenstände wahrnehmen können.

Der *direkte Realismus* der Wahrnehmungstheorie hält dem entgegen, dass wir viele Objekte ohne Hilfe weiterer Abbildungen wahrnehmen. Diese Position leugnet die Analogie zwischen Spiegelbildern und Perspektiven der Wahrnehmung: Spiegel sind wie etwa auch Mikroskope oder Teleskope echte Hilfsmittel und liefern Bilder, ohne die wir bestimmte Gegenstände überhaupt nicht wahrnehmen könnten; die unvermeidlichen Perspektiven jeder Wahrnehmung sind dagegen nicht Hilfsmittel wie Spiegel oder andere Instrumente und produzieren keine Abbilder von existierenden Gegenständen. Die Perspektiven in der Wahrnehmung sind vielmehr schlicht die bei Menschen und Tieren faktisch vorkommende Weise der direkten Wahrnehmung externer Gegenstände. Diese Perspektivität ist schon deshalb unvermeidlich, weil wir uns in einer Raum-Zeit bewegen und weil die Stimuli, die auf unsere Sinnesorgane einwirken, auf bestimmte physikalische Weisen (in bestimmten physikalischen Medien wie Licht- oder Schallwellen) transportiert werden.

4.180 *Realistische Varianten philosophischer Wahrnehmungstheorien (WT)*

(1) *Allgemeiner Realismus (in WT):*
   (a) Gegenstände der Wahrnehmung sind die wahrgenommenen Gegenstände selbst.
   (b) Wahrgenommene Gegenstände samt ihrer wahrgenommenen Eigenschaften existieren unabhängig von unserer Wahrnehmung.
(2) *Direkter Realismus (in WT):*
   (a) Es gelten (a) und (b) aus (1).
   (b) Die Wahrnehmung vieler Gegenstände ist möglich ohne Hilfe von Abbildern der Gegenstände.
(3) *Indirekter Realismus (in WT):*
   (a) Es gelten (a) und (b) aus (1).
   (b) Wahrnehmung von Gegenständen ist nur möglich mit Hilfe von Abbildern dieser Gegenstände.

Sinnesdaten-Theorie

Es gibt *antirealistische Varianten* der Wahrnehmungstheorie, die bestreiten, dass wir die externen Gegenstände selbst wahrnehmen. Diese Theorien appellieren an die *introspektive Ununterscheidbarkeit* von (korrekten) Wahrnehmungen und Sinnestäuschungen (4.184 (3)). Die wichtigsten Arten von Sinnestäuschungen sind *Illusionen* und *Halluzinationen*. Eine *Illusion* ist z. B. der ins Wasser getauchte gerade Stock, der geknickt aussieht; eine *Halluzination* ist etwa Orests Einbildung, er werde von den Erinnyen gehetzt. Wenn ein Neurobiologe durch artifizielle Reizung gewisser Hirnareale bestimmte *Episoden des Scheinens* in uns erzeugt, z. B. dass es uns so scheint, als stünde dort vor uns ein gelbes Auto, dann ist diese innere Episode, derer wir gewahr werden können, ununterscheidbar von der Wahrnehmung, dass dort vor uns ein gelbes Auto steht. Denn auch diese (korrekte) Wahrnehmung ist von derselben Episode des Scheinens begleitet. Wenn wir korrekterweise wahrnehmen, dass dort ein gelbes Auto steht, dann scheint es uns natürlich auch, dass dort ein gelbes Auto steht; aber zusätzlich steht dort auch tatsächlich ein gelbes Auto, und daher entspricht die Episode des Scheinens in diesem Fall der Realität. Introspektiv – also wenn wir unsere Aufmerksamkeit auf unsere inneren Episoden des Scheinens als *mentale* Vorkommnisse richten – scheinen diese Episoden von derselben Art zu sein, gleichgültig ob es sich um Halluzinationen oder Wahrnehmungen handelt. Wenn wir eine Episode des Scheinen haben, die darin besteht, dass es uns scheint, dass dort ein gelbes Auto steht, dann sind wir uns im Falle einer Halluzination zumindest eines gelben Autos bewusst, das ein *mentales* Vorkommnis ist. Ein solches mentales Vorkommnis bezeichnet die einflussreiche Sinnesdaten-Theorie als *Sinnesdatum*. Da *dieselbe* Episode des Scheinens aber auch im Falle einer korrekten Wahrnehmung des gelben Autos in uns vorkommt *und für uns introspektiv* ununterscheidbar ist von der Episode des Scheinens im Falle einer Halluzination, scheint es plausibel anzunehmen, dass unsere Wahrnehmungen nicht nur stets von Sinnesdaten ausgehen, sondern *dass die Sinnesdaten auch der Gegenstand all unserer Wahrnehmungen sind*. Das Kernargument der Sinnesdaten-Theorie lautet also:

(i) Wenn einer Person S ein Objekt X die Eigenschaft P zu haben scheint, dann nimmt sie meist ein P-artiges Objekt X wahr.

(ii) In Fällen von Illusion und Halluzination scheint der Person S das X die Eigenschaft P zu haben, aber es gibt in der Umgebung von S kein Objekt, das P ist: Entweder X kommt in der Umgebung von S vor, hat aber nicht die Eigenschaft P (Illusi-

on); oder X kommt in der Umgebung von S (und möglicherweise im Universum) überhaupt nicht vor (Halluzination).
(iii) Also sieht S in Fällen von Illusion und Halluzination etwas Mentales, das nicht physisch und P-artig ist: das P-artige *Sinnesdatum*.

Episoden des Scheinens können allerdings reicher sein als Wahrnehmungen von etwas Rotem oder etwas Rundem oder von Tönen und Gerüchen (obgleich diese Qualitäten die paradigmatischen Merkmale von Sinnesdaten sind). Uns kann z. B. ein *Objekt* ein P zu sein scheinen, und uns kann sogar ein P-artiges Objekt ein Q zu sein scheinen; dabei ist ein Objekt etwas, das qualitative Kontinuität aufweist, Grenzen gegen seine Umgebung manifestiert (Diskretheit) und sich vor einem Hintergrund bewegen kann (Kontrastphänomen). In diesem Fall haben die postulierten Sinnesdaten eine reichere Struktur. Der Einfachheit halber gehen wir im Folgenden von dem Standardfall aus, dass einem repräsentationalen Wesen ein Objekt eine bestimmte Eigenschaft zu haben scheint.

Der Sinnesdatentheorie zufolge ist die Wahrnehmung von Sinnesdaten eine *private* und zugleich *infallible* (= *unerschütterlich wahre*) Erkenntnis. Denn wenn einer Person beispielsweise das Auto dort gelb zu sein scheint, dann hat sie das Sinnesdatum, dass das Auto dort gelb ist (= ein Sinnesdatum von einem gelben Auto dort). Dieses Sinnesdatum ist eine essentielle Komponente dieser Episode des Scheinens. *Dass* dieses Sinnesdatum ein gelbes Auto ist, d. h. *dass* es der Person scheint, dass das Auto dort gelb ist, kann von ihr durch private Introspektion eingesehen werden und kann nicht unzutreffend (nicht fallibel) sein, gleichgültig ob das Auto dort gelb ist oder nicht und ob sich dort überhaupt ein Auto befindet. Die Wahrnehmung von Sinnesdaten ist daher der Sinnesdatentheorie zufolge eine infallible Erkenntnis.

4.181 Zentrale Thesen der Sinnesdatentheorie

(1) Wenn eine Person ein P-artiges Objekt X *wahrnimmt* und wenn in der Umgebung der Person ein P-artiges Objekt X vorkommt, dann scheint es ihr, dass es in ihrer Umgebung ein P-artiges Objekt X gibt.
(2) Wenn eine Person ein P-artiges Objekt X *halluziniert* und daher in der Umgebung der Person kein P-artiges Objekt X vorkommt, dann scheint es ihr ebenfalls, dass es in ihrer Umgebung ein P-artiges Objekt X gibt.
(3) Wenn eine Person die *Illusion* hat, dass ein P-artiges Objekt X vorkommt und daher in der Umgebung der Person zwar X vorkommt, aber nicht P-artig ist, dann scheint es ihr ebenfalls, dass es in ihrer Umgebung ein P-artiges Objekt X gibt.
(4) Die drei in (1)–(3) beschriebenen Episoden des Scheinens sind introspektiv ununterscheidbar. Diese Episoden heißen *Sinnesdaten* von einem P-artigen Objekt.
(5) Sinnesdaten sind nicht-physische mentale Gegenstände.
(6) *Wahrnehmungen* sind introspektive und daher infallible (= kognitiv unfehlbare) Erkenntnisse von Sinnesdaten.

Natürlich folgt daraus, dass es einer Person scheint, dass es in ihrer Umgebung ein P-artiges Objekt X gibt, keineswegs, dass es in ihrer Umgebung auch ein P-artiges Objekt X gibt. Daher ist die Sinnesdatentheorie dazu verpflichtet, die Beziehung von Sinnesdaten und der externen physischen Welt zu erklären. Dabei haben sich zwei verschiedene Versionen herausgebildet: die kausale Sinnesdatentheorie und die phänomenalistische Sinnesdatentheorie.

Die *kausale Sinnesdatentheorie* behauptet, dass physische Objekte auf kausale Weise Sinnesdaten in uns erzeugen – und dass die Mechanismen dieser Erzeugung höchst komplexe Strukturen annehmen können. Unter normalen Bedingungen führt daher die Tatsache, dass in der Umgebung einer Person ein P-artiges Objekt X vorkommt, dazu, dass es dieser Person scheint, dass es in ihrer Umgebung ein P-artiges Objekt X gibt. Denn Sinnesdaten führen entweder selbst zu Reaktionen, oder begründen Erkenntnisse, die zu Reaktionen führen, und würde es sich bei ihnen überwiegend um Halluzinationen handeln, gäbe es für die entsprechenden Wesen und ihre Spezies nur geringe Überlebens- und Reproduktionschancen.

Daher haben wir der kausalen Sinnesdatentheorie zufolge gute Gründe, von Episoden des Scheinens und dem Vorkommen von Sinnesdaten auf Zustände in der externen physischen Welt zu schließen (*dieser* Schluss ist allerdings nicht infallibel). Dabei wird vorausgesetzt, dass die Lebewesen, die ein Wahrnehmungsvermögen haben, die Fähigkeit zur Diskrimination (Unterscheidung) von sinnlichen Qualitäten (z. B. Farben, Formen, Laute, Gerüche) besitzen, d. h. sie besitzen eine Disposition zu diskriminativer und differentieller Reaktion auf bestimmte Reize (zum Begriff der Disposition: 3.108 (1)). Diese Disposition ist unabhängig vom Meistern einer natürlichen Sprache (vom propositionalen Meinen). Einige Lebewesen besitzen darüber hinaus die Fähigkeit, Folgen oder Relationen diskriminierter Qualitäten zu registrieren und zu speichern (sie verfügen über nicht-sprachliche empirische Begriffe) sowie ein Vorkommen oder eine Aktualisierung dieser Folgen und Relationen als Gehalte innerer Episoden für adaptives (= evolutionär angepasstes) Verhalten effektiv werden zu lassen. Geordnete Mengen diskriminierter Qualitäten mit diesen Eigenschaften heißen im Rahmen der kausalen Sinnesdatentheorie *Informationen* (für das betreffende Lebewesen).

Die *phänomenalistische Sinnesdatentheorie* behauptet, dass *jedes physische Ding* und *jede Person* eine logische *Konstruktion aus Sinnesdaten* ist. Diese Behauptung ist eine Übersetzungsthese: Alle Sätze über physische Gegenstände und Personen müssen sich übersetzen lassen in Sätze über Sinnesdaten. Die Übersetzung wird etabliert durch eine *Gebrauchsdefinition*. Eine Gebrauchsdefinition des Symbols x ist die Angabe eines Verfahrens, für jeden Satz p, in dem x vorkommt, einen Satz q anzugeben, der übersetzbar ist in p, in dem aber weder x noch Synonyme (3.142 (7)) von x vorkommen. Eine Gebrauchsdefinition physischer Gegenstände, die von den Phänomenalisten erwogen wurde, ist z. B. die Aussageform (1.25 (3)) »y ist ein physischer Gegenstand« zu ersetzen durch die Aussageform »y ist eine Menge $\{x_i\}$ von Sinnesdaten derart, dass alle x_i derselben Ähnlichkeitsäquivalenzklasse angehören und die Intensitätsverbindung der x_i parallel erfolgt«. Und nach demselben Schema ist y ein *Selbst* (im Anschluss an 3.166), wenn y eine Menge von Sinnesdaten ist derart, dass alle x derselben Äquivalenzklasse (d. h. der Klasse der aufgrund gleicher Eigenschaften äquivalenter Objekte) von organischen Sinnesdaten angehören. Dabei wird angenommen,

(a) dass jedes organische Sinnesdatum zu genau einem Körper (physischen Gegenstand) gehört,
(b) dass zwei empirische Erfahrungen (4.183 (6)) zur Sinnesgeschichte (also zu der historischen Folge von Sinnesdaten desselben Selbst) gehören gdw ihre Gehalte organische Sinnesdaten desselben Körpers sind, und
(c) dass daher die Zugehörigkeit zur Sinnesgeschichte desselben Selbst eine Äquivalenzrelation ist.

In jedem Fall sagen die Phänomenalisten, dass y eine *logische Konstruktion* aus $x_1, ..., x_n$ ist, wenn es eine akzeptable Gebrauchsdefinition des Ausdrucks »y« gibt, die auf die Ausdrücke »x_1, ..., x_n« zurückgreift (der Ausdruck »logisch« soll hier lediglich andeuten, dass eine Übersetzungsthese eine linguistische, nicht eine faktische Behauptung ist). Auf diese Weise versuchen die Phänomenalisten systematisch noch hinter die Gegebenheit und die Unterscheidung von Selbst und physischem Gegenstand, also von Subjekt und Objekt, zurückzugreifen.

4.182 *Kausale und phänomenalistische Sinnesdatentheorie*

(1) *Kausale Sinnesdatentheorie:*
  (a) Sinnesdaten werden von physischen Objekten kausal erzeugt.
  (b) Aufgrund evolutionärer Bedingungen (2.94) erzeugt gewöhnlich ein P-artiges Objekt in der Umgebung einer Person, deren Sinnesorgane für diese Umgebung sensitiv sind, in dieser Person das Sinnesdatum eines P-artigen Objekts in ihrer Umgebung.
  (c) Daher gibt es für eine Person, die ein Sinnesdatum eines P-artigen Objekts in ihrer Umgebung hat, gute Gründe anzunehmen, dass es in ihrer Umgebung ein P-artiges Objekt gibt.
(2) *Phänomenalistische Sinnesdatentheorie:*
  (a) Eine *Gebrauchsdefinition* des sprachlichen Zeichens »x« ist die Angabe eines Verfahrens, für jeden Satz »p«, in dem »x« vorkommt, einen Satz »q« anzugeben, der logisch äquivalent ist mit »p«, in dem aber weder »x« noch Synonyme (3.142 (7)) von »x« vorkommen.
  (b) X ist eine *logische Konstruktion* aus Y_i genau dann, wenn es eine Gebrauchsdefinition von

> »X« durch Sätze gibt, in denen »Y$_i$« als definierende sprachliche Zeichen (3.132) vorkommen.
> (c) Physische Gegenstände und Personen sind logische Konstruktionen aus Sinnesdaten.

Die Sinnesdatentheorie sieht sich einer Reihe ernsthafter Einwände ausgesetzt. Beispielsweise steht sie in scharfem Kontrast zu unserem introspektiven Eindruck, dass wir die Gegenstände in unserer Umwelt, nicht aber interne mentale Dinge wie Sinnesdaten wahrnehmen. Außerdem klingt die These, dass mentale Gegenstände z. B. rotartig sind, extrem merkwürdig. Schließlich kann ein Verweis auf die introspektive Vergegenwärtigung von Sinnesdaten allein kaum erklären, wie es zu einer Fixierung von Meinungen kommen kann, die ihrerseits erfolgreiche und angepasste Interaktion mit der externen physischen Umwelt ermöglicht.

Repräsentationale Wahrnehmungstheorie

Wenn es uns scheint, als wäre dort ein gelbes Auto, obgleich dort kein gelbes Auto ist, dann – so könnten wir sagen – *kommt es uns so vor, als wäre dort ein gelbes Auto*. Diese Beschreibung einer Illusion oder Halluzination legt eine theoretische Deutung nahe, die eine Alternative zur Sinnesdatentheorie (4.181) ist. Denn wir kennen das Phänomen, dass es uns vorkommt, als wäre etwas so und so, obgleich es nicht so ist, aus dem Bereich unserer *Meinungen*. Wir können z. B. *meinen*, dass Donald Davidson ein lausiger Philosoph ist, obwohl er tatsächlich ein brillanter Philosoph ist. Dann kommt es uns so vor, als wäre Davidson ein lausiger Philosoph – aber diese Meinung ist *falsch*. Dass Davidson ein lausiger Philosoph ist, ist der Gehalt unserer Meinung, und daher ist unsere Meinung eine *sprachliche Repräsentation* (3.132). Es kann jedoch gehaltvolle repräsentationale Meinungen geben, die falsch sind. Der Kerngedanke der *repräsentationalen Wahrnehmungstheorie* ist, Wahrnehmungen als sensorische Repräsentationen aufzufassen, also als eine spezifische Art von gehaltvollen mentalen Episoden. Der Fall von Illusionen und Halluzinationen kann dann als *sensorische Fehlrepräsentation* erklärt werden, die freilich den repräsentationalen Charakter von Illusionen und Halluzinationen nicht aufhebt. Insbesondere derjenige Sachverhalt, von dem die Sinnesdatentheorie hauptsächlich ausgeht, nämlich dass die Episoden des Scheinens in den Fällen von korrekter Wahrnehmung und von Illusionen oder Halluzinationen ununterscheidbar sind, kann in der repräsentationalen Wahrnehmungstheorie elegant aufgefangen werden: Korrekte Wahrnehmungen und entsprechende Illusionen oder Halluzinationen haben denselben repräsentationalen Gehalt (3.128).

Sind sensorische Repräsentationen notwendigerweise begrifflich? Sind die Gehalte von Wahrnehmungen stets propositional? Sind Wahrnehmungen eine spezifische Art von Meinungen? Über diese Fragen gibt es im Rahmen der repräsentationalen Wahrnehmungstheorie eine bis heute unabgeschlossene Debatte. Die repräsentationale Wahrnehmungstheorie legt positive Antworten auf diese Fragen nahe. Dennoch verbreitet sich zunehmend die Auffassung, dass die Gehalte von Wahrnehmungen *nicht* notwendigerweise propositional (und damit sprachlich) sind. Tiere können auf nicht-begriffliche Weise wahrnehmen, und die Wahrnehmungen höherer Tiere sind vielen menschlichen Wahrnehmungen sehr ähnlich. Und in einigen Fällen von menschlichen Wahrnehmungen scheinen die Gehalte reicher zu sein, als es sprachlich beschreibbar ist. Vor allem aber gibt es, wie wir in Kapitel 8 gesehen haben, eine attraktive Theorie der subsprachlichen Repräsentation, auf die wir in einer repräsentationalen Wahrnehmungstheorie zurückgreifen können.

Damit stützt die repräsentationale Wahrnehmungstheorie eine verbreitete Unterscheidung zwischen der *nichtpropositionalen Wahrnehmung* einer Entität X und der *propositionalen Wahrnehmung*, dass etwas der Fall ist oder dass ein Gegenstand eine bestimmte Eigenschaft hat. Der Kater Fritz kann den großen Hund Fido sehen, aber er kann nicht wie sprachbegabte Wesen sehen, dass Fido groß ist. Sprachbegabte Wesen können sogar *sekundär* propositional wahrnehmen: Wir Menschen können z. B. sehen, dass das Wetter sich verschlechtert, dadurch dass wir sehen, dass das Barometer fällt – und zwar deshalb, weil das Fallen des Barometers ein natürliches Zeichen (3.127) für die Verschlechterung des Wetters ist *und* wir ein theoretisches Wissen (= Überzeugungswissen (4.189 (1)) aufgrund von wissenschaftlichen Theorien) über diesen Zusammenhang haben:

4.183 *Repräsentationale Wahrnehmungstheorie*

(1) *Wahrnehmungen* sind sensorische repräsentationale Episoden von Organismen (unabhängig von Sprachfähigkeit) (3.129).
(2) Wahrnehmungen im Sinne von (1) sind *repräsentational,* insofern sie einen *subsprachlichen Gehalt* haben: Das, *was* die Wahrnehmungen repräsentieren, ist ein Teleogehalt im Sinne der Teleosemantik (2.100, 3.130).
(3) Wahrnehmungen haben in demselben Sinne Teleogehalte wie Illusionen und Halluzinationen.
(4) Im Falle von Wahrnehmungen stimmen ihre Teleogehalte mit der Realität überein, im Falle von Illusionen und Halluziationen entsprechen ihren Teleogehalten entweder überhaupt keine (Halluzination) oder andere externe Gegenstände oder Ereignisse (Illusion).

(5) Wahrnehmungen sind *nicht-propositional*, falls sie keine Sprache voraussetzen und in der Form »S nimmt X wahr« beschrieben werden können; Wahrnehmungen sind *propositional*, falls sie eine Sprache voraussetzen und in der Form »S nimmt wahr, dass p (dass a ein P ist)« beschrieben werden können.

(6) Eine propositionale Wahrnehmung (= *empirische Erfahrung*), dass a ein P ist, durch Person S ist *sekundär*, falls S die Tatsache P(a) dadurch wahrnimmt, dass sie ein natürliches Zeichen (3.127) C von P(a) wahrnimmt und weiß, dass C ein natürliches Zeichen von P(a) ist. Eine propositionale Wahrnehmung, dass a ein P ist, durch Person S ist *primär*, wenn S wahrnimmt, dass a ein P ist, und wenn diese Wahrnehmung nicht sekundär ist.

Naiver Realismus in der Wahrnehmungstheorie (Disjunktive Wahrnehmungstheorie)

Sinnesdatentheorie (4.181) und repräsentationale Wahrnehmungstheorie (4.183) stimmen bei allen Unterschieden darin überein,

(a) dass Wahrnehmungen sich in jedem Falle auf etwas Existierendes richten, und
(b) dass korrekte Wahrnehmungen sowie Illusionen und Halluzinationen so viele ähnliche Aspekte aufweisen, dass sie in einer einzigen einheitlichen Theorie behandelt werden müssen.

Der naive wahrnehmungstheoretische Realismus akzeptiert These (a) und bestreitet These (b). Diese Position behauptet vielmehr, dass jede Wahrnehmung eine Wahrnehmung eines *nicht-mentalen physischen Gegenstandes* ist. Dabei wird vor allem auf die *Transparenz* unserer Wahrnehmungen hingewiesen. Wenn wir etwas wahrnehmen, scheinen wir stets Objekte, Eigenschaften oder Ereignisse selbst wahrzunehmen, nicht aber Eigenschaften unserer Wahrnehmungen selbst. Die Wahrnehmung eines gelben Autos bezieht sich nicht auf Aspekte der Wahrnehmung des gelben Autos, sondern auf das gelbe Auto selbst. Die Welt selbst scheint uns in unseren Wahrnehmungen präsent zu sein.

Der naive wahrnehmungstheoretische Realismus behauptet zwar, dass Wahrnehmungen stets korrekt sind (d. h. wenn Person S wahrnimmt, dass p, so ist p der Fall). Damit können wir unserer Intuition Gerechtigkeit widerfahren lassen, dass der Wahrnehmungsbegriff ein *Erfolgsbegriff* ist. Zugleich wird eingeräumt, dass Wahrnehmungen und Sinnestäuschungen (= Illusionen, Halluzinationen, 4.183) subjektiv und introspektiv ununterscheidbar sind (4.181 (4)). Bestritten wird jedoch, dass daraus folgt, dass die Wahrheitsbedingungen (3.140 (3)) für Wahrnehmungen und Sinnestäuschungen von der gleichen Art sind. Denn schließlich werden Wahrnehmungen von Dingen oder Fakten in der Welt wahr gemacht, Sinnestäuschungen hingegen von mentalen Episoden.

Aus diesem Grund sind dem naiven wahrnehmungstheoretischen Realismus zufolge Wahrnehmungen und Sinnestäuschungen nicht von derselben Art. Wahrnehmungen und Sinnestäuschungen sind *disjunkte* (= strikt getrennte) Phänomene. Illusionen und Halluzinationen sollten deshalb in einer Wahrnehmungstheorie keine Rolle spielen. Eine Person, die z. B. ein X halluziniert, hat schlicht den Eindruck, *als gäbe* es das X in ihrer Umgebung. Diese Beschreibung ist völlig angemessen und ausreichend; wir müssen sie nicht durch Hinweise auf Sinnesdaten (4.181) oder subsprachliche Gehalte anreichern und zum Gegenstand einer Wahrnehmungstheorie machen. Darum wird hier auch von der *disjunktiven Wahrnehmungstheorie* gesprochen.

4.184 *Naiver Realismus in der Wahrnehmungstheorie (disjunktive Wahrnehmungstheorie)*

(1) Jede Wahrnehmung ist eine Relation zu existierenden physischen Gegenständen.
(2) Jede Wahrnehmung enthält eine zutreffende Information (3.127–3.128) über die physische Welt: Wenn Person S X wahrnimmt, so kommt X in der Umgebung von S vor; und wenn Person S wahrnimmt, dass p, so ist p ein Ereignis in der Umgebung von S.
(3) Sinnestäuschungen (= Illusionen und Halluzinationen, 4.183 (3)–(4)) von X sind irreale Eindrücke, als gäbe es X in der Umgebung ihrer Träger.
(4) Wahrnehmungen und Sinnestäuschungen sind zwar subjektiv ununterscheidbar, aber dennoch vollständig disjunkte Phänomene, die nicht zu ein- und derselben Art gehören.
(5) Sinnestäuschungen sind nach (4) nicht Gegenstand von Wahrnehmungstheorien.

Eine weitere Variante philosophischer Wahrnehmungstheorien geht von bewussten Wahrnehmungen aus, die einen *propositionalen* Gehalt haben, und schlägt vor, den propositionalen Gehalt von Wahrnehmungen als *reflexiv* anzusehen. Ihre leitende Fragestellung ist: Wie funktioniert Wahrnehmung begrifflich, d. h. welche Erfüllungsbedingungen (3.140 (3)) haben Sätze der Form »S nimmt p wahr« bzw. »S nimmt wahr, dass p«? Dieser Ansatz heißt *semantische Wahrnehmungstheorie*:

4.185 *Semantische Wahrnehmungstheorie*

(1) Unterscheidung zwischen *Wahrnehmungen* und *Wahrnehmungserlebnissen*:
 (a) Wenn S *wahrnimmt*, dass p, so ist p der Fall – nicht aber (notwendigerweise), wenn S das *Wahrnehmungserlebnis* hat, dass p. Nur Wahrnehmungen sind *veridisch*, d. h. sie repräsentieren Gegenstände und Tatsachen so wie sie sind.
 (b) *Wahrnehmungserlebnisse* sind, im Gegensatz zu Überzeugungen und Wünschen, stets bewusst, unmittelbar und unwillkürlich sowie von ihrem Gehalt her kausal selbstbezüglich.
(2) *Selbstbezüglichkeit (Reflexivität) von Wahrnehmungen*:
 (a) Der propositionale Gehalt der Wahrnehmung eines Sachverhaltes p ist nicht nur p, sondern der komplexe Gehalt: *p, und p ist die Ursache der Wahrnehmung von p*. Die Wahrnehmung von p kommt also in ihrem eigenen Gehalt vor.
 (b) Der selbstbezügliche Gehalt von Wahrnehmungen im Sinne von (2)(a) definiert die *Erfüllungsbedingungen propositional gehaltvoller Wahrnehmungen*: Die Wahrnehmung von p ist nur dann wahr, wenn p der Fall ist *und wenn* p die Wahrnehmung von p kausal hervorruft.
(3) *Subjektivität von Wahrnehmungserlebnissen*:
 (a) Wahrnehmungserlebnisse enthalten stets einen bestimmten Aspekt der Dinge, abhängig von der Wahrnehmungssituation. Dieser Aspekt ist aber nicht ein Medium, das zwischen Subjekt und Welt tritt: Was wir sehen, sind die Dinge selbst, nicht Aspekte von ihnen.

> (b) Sprachliches Vokabular beeinflusst die Erfüllungsbedingungen und damit den Gehalt von Wahrnehmungserlebnissen. Was wir sehen, hängt von unserem sprachlichen Hintergrund ab.

Der propositionale Gehalt des Wahrnehmungserlebnisses eines gelben Autos ist beispielsweise dieser Theorie zufolge:

Person S hat das Wahrnehmungserlebnis, »dass dort ein gelbes Auto ist und dass das gelbe Auto dort das Wahrnehmungserlebnis, dass dort ein gelbes Auto ist, auslöst«. Dieses Wahrnehmungserlebnis ist seinem Gehalt (seiner Erfüllungsbedingung) nach wahr, wenn dort ein gelbes Auto ist *und* wenn dieses gelbe Auto das Wahrnehmungserlebnis kausal hervorgerufen hat.

Die semantische Wahrnehmungstheorie ist offensichtlich eine Mischung aus einer repräsentationalen und einer disjunktiven Wahrnehmungstheorie, freilich nur auf sprachlicher (= propositionaler) Ebene. Denn ähnlich wie die disjunktive Wahrnehmungstheorie betrachtet sie Wahrnehmungen als veridisch und trennt scharf zwischen Wahrnehmungen und Wahrnehmungserlebnissen; andererseits bestimmt sie Wahrnehmungen ähnlich wie die repräsentationale Wahrnehmungstheorie über ihre Gehalte und versucht auch die Wahrnehmungserlebnisse zum Gegenstand der Wahrnehmungstheorie zu machen.

Eine psychologische Wahrnehmungstheorie

Die philosophischen Wahrnehmungstheorien behandeln den repräsentationalen Aspekt von Wahrnehmungen allenfalls in sehr allgemeiner Form. Die disjunktiven Varianten halten die Repräsentationalität, die von veridischen

Wahrnehmungen und Sinnestäuschungen (oder Wahrnehmungserlebnissen, Illusionen, Halluzinationen, 4.183) geteilt wird, für theoretisch unwichtig. Aber selbst die repräsentationale Wahrheitstheorie sagt wenig darüber aus, wie die *Inhalte* und *spezifischen Strukturen* der Teleogehalte (3.130) von Wahrnehmungen im Detail zustandekommen könnten. Es ist zwar plausibel anzunehmen, dass die Gehirne höherer Tiere die echte Funktion (2.100) annehmen können, zwischen den qualifizierten Zuständen von Gehirnzuständen, die durch eine Operation von Sinnesorganen zustandekommen, und den qualifizierten Zuständen externer Gegenstände eine 1–1-Abbildung (also eine umkehrbar eindeutige mathematische Funktion (2.96 (2))) herzustellen, und dass die Gehirnzustände in diesem Sinne qualifizierte Zustände externer Gegenstände *repräsentieren* können; aber wie diese Repräsentationen zum Teil als sensorische Bilder, beispielsweise in Raum und Zeit, im Detail zustande kommen, kann mit Hilfe dieser Theorie nicht erklärt werden.

An diesem Punkt müssen wir geeignete *naturwissenschaftliche* Wahrnehmungstheorien zu Rate ziehen, die unter anderem die alte Vermutung vieler neuzeitlicher Philosophen vom *konstruktiven Charakter der Wahrnehmung* bestätigen und präzisieren. Die naturwissenschaftlichen Wahrnehmungstheorien behandeln Wahrnehmung im Wesentlichen entweder auf der *neurobiologischen* oder auf der *kognitionspsychologischen* Ebene.

Die Neurobiologie stellt Untersuchungen darüber an, von welchen neuronalen Vorgängen und Strukturen kognitive Leistungen begleitet werden. Wichtig ist hier insbesondere das neuronale Schicksal der Lichtimpulse im Gehirn. Dabei entsteht unter anderem das *Bindungsproblem*: wie erfolgt die Integration der verschiedenen Wahrnehmungsprozesse zur Wahrnehmung von Gestalten und Objekten? Ein neueres Resultat dieser Forschungen ist z. B., dass schon frühzeitig eine parallele Verarbeitung auf dem parietalen Pfad (Analyse räumlicher Relationen) und auf dem temporalen Pfad (Identifizierung von Objekten) erfolgt. Visuelle Systeme von Menschen und höheren Tieren haben also eine arbeitsteilige und parallele Architektur. Die gegenwärtige neurobiologische Forschung zu visuellen Systemen ist vor allem dem Bindungsproblem gewidmet. Das dominante Modell ist heute das Zeitkodierungsmodell: Die zeitliche Synchronisation der Stimuli ist der entscheidende Integrationsmechanismus.

Die Kognitionspsychologie sucht demgegenüber vor allem nach Mechanismen und Verfahren, mit deren Hilfe kognitive Leistungen erklärt werden können. Die zentrale Aufgabe besteht darin anzugeben, worin diese Leistungen bestehen. Als entscheidende Mechanismen gelten Strukturen der Informationserzeugung (3.127–3.128), die theoretisch zu postulieren sind. Diese Strukturen sind zwar neurobiologisch realisiert, ihre kognitionspsychologische Beschreibung ist aber unabhängig von der Neurobiologie. Die kognitionspsychologische Strategie operiert auf einer funktionalen Ebene, nicht auf einer physikalischen oder biologischen Ebene. Sie geht dabei von einigen Prämissen und allgemeinen Annahmen aus:

4.186 *Prämissen und leitende Annahmen der kognitionspsychologischen Wahrnehmungstheorie*

(1) *Prämissen:*
  (a) Die gesuchten Mechanismen der Erzeugung von Information (3.127–3.128) sind Algorithmen (1.33).
  (b) Ein wissenschaftliches Verständnis dieser Algorithmen ist erst dann erreicht, wenn die Algorithmen in Form von Computerprogrammen explizit vorliegen.

(2) *Allgemeine Annahmen:*
  (a) Im Gehirn werden Daten (z. B. Lichtimpulse als Stimuli) auf vielfältige und komplexe Weise prozessiert.
  (b) Der Verarbeitungsprozess ist nicht begrifflicher oder logischer Natur, sondern hat die Form verschiedener extrem schnell arbeitender Algorithmen.
  (c) Die Daten, die prozessiert werden, sind nicht etwas direkt Gegebenes im Sinne unverfälschter Stimuli; vielmehr handelt es sich um Formen kausaler Interaktionen zwischen externen Objekten und wahrnehmenden Systemen (2.93, 2.95), die selbst objektiven Status haben, obgleich sie trivialerweise unabhängig von wahrnehmenden Systemen nicht in der Welt wären.

Die algorithmischen Prozesse, die hier postuliert werden, sind zwar konstruktiv, aber nicht im Sinne einer Konstruktion z. B. von Bauwerken. Die Anerkennung der Konstruktivität des Wahrnehmens enthält keinerlei Zugeständnis an den Idealismus (2.64 (1)): Sie impliziert nicht, dass die Algorithmen, die im Gehirn aus sensorischen Stimuli (Reizen) Informationen (3.127–3.128) gewinnen, die externen Objekte real erzeugen. Das wird deutlicher, wenn wir uns das paradigmatische Beispiel einer kognitionspsychologischen Wahrnehmungstheorie zumindest in Ansätzen und Ausschnitten vor Augen führen: *die psychologische Theorie visueller Systeme (TVS) von David Marr*. An dieser Theorie wird erkennbar, wie die repräsentationale Wahrnehmungstheorie mit Inhalt gefüllt werden kann und wie die kognitionspsychologische Wahrnehmungstheorie *philosophisch* positioniert ist.

Für die TVS ist *Sehen* ein Verarbeitungsprozess, der mit Abbildern startet. Ein *Abbild* ist eine Menge von Intensitätswerten von Lichtimpulsen, die von außen auf die Photorezeptoren der Retina (= Netzhaut) treffen und Reizkonfigurationen bilden (Photorezeptoren registrieren Lichtimpulse und erzeugen Abbildelemente (Pixel)).

Die Photorezeptoren ordnen jeder Lichteinwirkung einen bestimmten Grauton zu (damit wird eine *Image-Funktion* im mathematischen Sinne definiert), d. h. sie machen das Abbild explizit. Eine *Repräsentation* ist ein System, das bestimmte Informationen oder Entitäten explizit macht. *Sehen* ist demnach genauer ein Prozess im Gehirn, der aus den Abbildern Informationen über die äußere Welt konstruiert, d. h. der ein *Prozess der Informationserzeugung* (nicht der Informationsverarbeitung) ist (zum Informationsbegriff: 3.127–3.128).

Als Theorie des Sehens muss die TVS im Detail zeigen, wie dies geschieht. Dabei wird die Analyse auf drei verschiedenen Ebenen durchgeführt. Um eine überprüfbare Theorie (4.211, 4.221) zu sein, muss die TVS für jede Ebene Erklärungsansprüche (explanatorische Ziele) einlösen:

(1) *Funktionale* Ebene: Benennung der spezifischen Abbilder als Rohdatenmaterial für das Prozessieren und des Zwecks der jeweiligen Information;
(2) *Computationale* Ebene: Angabe der Algorithmen, die die Informationserzeugung tatsächlich steuern;
(3) *Physische* Ebene: Angabe der physikalischen Beschränkungen (constraints) für den Prozess der Informationserzeugung.

Allgemein formuliert sind *Beschränkungen* Restriktionen bei den Optionen für Problemlösungen einer spezifischen Aufgabe. Das Design der Algorithmen beachtet die experimentell nachweisbaren Leistungen (Performanz) des Sehens und die physikalischen Beschränkungen der Informationserzeugung. Die TVS ist eine Programm-Theorie des Sehens (computational theory of vision) und gehört damit zur Familie der Computertheorien des Geistes (3.110).

Jede Analyseebene eines kognitiven Systems untersucht spezifische Aufgabenstellungen:
(1) Funktionale Ebene: Was leistet ein System und warum leistet es gerade das, was es leistet? Mittels einer Funktion f werden *Eingabewerte* E (hier: Konfigurationen von Lichtreizen) *auf Ausgabewerte* A (hier: Körperbewegung, Motorik des Systems) *abgebildet*.
(2) Computationale Ebene der Verursachung der Funktionen: *Beschreibung kognitiver Prozesse mittels Algorithmen und Repräsentationen* (ein Algorithmus (1.33) a_i berechnet Funktion f).
(3) Physische Ebene der Realisierer der Berechnungen: *Neuronale Implementierung* N realisiert Algorithmen a_i–a_n.

Allgemein gesagt, erklärt die TVS dreidimensionale Objektwahrnehmung als Objekt*konstitution* mittels *stufenweiser* Verarbeitungsprozesse, die mit zweidimensionalen Umrissen beginnen und zu dreidimensionalen Modellen führen. Darin besteht der Konstruktivismus der TVS.

Wir wollen das Vorgehen der TVS anhand einer Skizze von vier wichtigen Schritten verdeutlichen:
(1) Wie das menschliche visuelle System einen primären, *zwei*dimensionalen visuellen Umriss externer Objekte erzeugt,
(2) wie es erste Abbilder mit 2½-dimensionaler Tiefenschärfe aus den primären Umrissen gewinnt,
(3) wie es Informationen über die Bewegungen externer Objekte aus Bildern mit Tiefenschärfe konstruiert, also bei *wechselnden Perspektiven (Blickwinkeln)* des Beobachters,
(4) und wie es das Problem der Wiedererkennung (Identifizierung) externer Objekte mittels Abgleich mit gespeicherten *drei*dimensionalen Modellen bewältigt.

Der *erste Schritt der Informationserzeugung* besteht darin, an den durch die Photorezeptoren auf der Netzhaut (Retina) gewonnenen Abbildern die Veränderung der Lichtintensitäten und ihre geometrische Verteilung und Organisation im zweidimensionalen Raum zu ermitteln. Echte, dreidimensionale Objekte werden also durch Lichtreizkonfigurationen zweidimensional auf der flächigen Netzhaut abgebildet. Bei diesem Vorgang sind vier Faktoren zu unterscheiden, deren theoretische Beschreibung der Physik entnommen wird: Geometrie, Lichtreflexionen sichtbarer Oberflächen, Beleuchtung der Szene, und Perspektive (Blickwinkel) des sehenden Systems.

Konkret heißt das z. B.: Die zweite Ableitung der Kurve der Veränderung der Lichtintensitäten ergibt ein System von Nullkreuzungen zweidimensionaler Art als elementarste geometrische Struktur der Abbilder. Das ist ein erster elementarer Algorithmus (1.33), der als Postulat eingeführt wird.

Die *nächste Stufe der Informationserzeugung* beruht darauf, dass visuelle Systeme auf unterschiedlichen Auflösungsebenen mit unterschiedlichen Rezeptoren arbeiten. Die physikalische Beschränkung läuft hier auf die Forderung hinaus, deutlich mehr Ähnlichkeiten auf derselben Ebene als Ähnlichkeiten zwischen verschiedenen Ebenen zu finden. Ferner zeigt eine diskontinuierliche Bewegung in mehr als einem Punkt eine Objektgrenze an. Daher wird ein weiterer Algorithmus vorgeschlagen, der aus Nullkreuzungen Repräsentationen von Ecken und Kanten macht, indem er Nullkreuzungen auf verschiedenen Auflösungsstufen miteinander vergleicht. Damit ist der Anfang der Identifizierung von Objekten gemacht, der auf verschiedenen Zugängen des sehenden Systems zur Welt beruht und einen *primären visuellen Umriss* der Objekte liefert. Eine abrupte Veränderung der Lichtintensität auf der Retina repräsentiert Konturen des Objekts, d. h. die Grenze zwischen zwei Flächen. Kontinuierliche Varianz der Lichtintensität rührt dagegen von Lichtwiderspiegelungen und Schatteneffekten auf derselben Fläche her und darf vom visuellen System nicht fälschlicherweise als Objektgrenze verarbeitet werden.

Objekte in Abbildern von linkem und rechtem Auge nehmen leicht unterschiedliche Positionen im visuellen Feld ein. Diesen Unterschied nennt man *Disparität*. Die TVS nimmt an, dass das Gehirn die Disparität misst und dass diese Messung wesentlich zum *dreidimensionalen Sehen* beiträgt. Für das Postulat eines weiteren Algorithmus, der erste stereometrische Bilder erzeugen kann, müssen erneut physikalische Beschränkungen beachtet werden. In einem Schwarz-Weiß-Umfeld beispielsweise müssen schwarze Punkte im linken und rechten Augenfeld, aber auch in verschiedenen Abbildern übereinstimmen, und die Disparität ändert sich nur kontinuierlich, nicht abrupt. Der neue Algorithmus erzeugt tatsächlich aus Repräsentationen von Ecken und Kanten in zwei zweidimensionalen Rechts-Links-Bildern mit gemessener Disparität erste *stereometrische Bilder mit Tiefenschärfe*. Die bislang nur durch Konturen gegeneinander abgegrenzten Flächen werden zu Oberflächen gruppiert, die eine Richtung (Orientierung) im Raum aufweisen. Die so entstehende 2½-dimensionale Skizze ist allerdings noch an den Blickwinkel des Sehenden gebunden (d. h. sie ist beobachterzentriert, subjektorientiert) und beurteilt nur die Lage von *Oberflächen* im Raum.

Eine konforme (gleichförmige) Bewegung kontinuierlich verbundener Punkte im visuellen Feld vor einem stabilen Hintergrund ist ein wichtiges Mittel für die Bestimmung der Grenzen von Objekten. Der Algorithmus auf dieser Ebene muss den Bewegungen in den Abbildern auf der Retina Informationen über die *Bewegungen äußerer Objekte* entnehmen können. Dabei entstehen zwei spezifische Probleme: das Korrespondenzproblem (wie kann die zeitliche Ordnung bewegter Abbilder eine Zuordnung der bewegten Teile ermöglichen?) und das Dimensionsproblem (wie lassen sich aus den zweidimensional geordneten Abbildern Informationen über die dreidimensionale Struktur der Objekte gewinnen?). Dabei sind oft wahrnehmungspsychologische Experimente an Menschen hilfreich.

Voraussetzung für die *Wiedererkennung* von Objekten ist das Speichern von Abbildern oder Repräsentationen im Gedächtnis. Dass die TVS bis zu diesem Punkt der Theorienbildung von *beobachter*zentrierten Koordinaten ausgeht, wirft jedoch das theoretische Problem auf, dass das Sehen desselben Objektes zu verschiedenen Zeiten aus unterschiedlichen Perspektiven auch verschiedene Abbilder generiert. Unter dieser Bedingung

(a) müssten alle Abbilder desselben Objektes zunächst als verschiedene Elemente im Gedächtnis gespeichert werden, die nichts miteinander zu tun haben, und

(b) wäre ein komplizierter nachträglicher Identifikationsmechanismus zu postulieren und zu konstruieren.

Der TVS zufolge überforderte dieser Prozess jedoch das Gedächtnis und wäre algorithmisch viel zu zeitaufwendig. Daher stellt die TVS die Hypothese auf, dass visuelle Wiedererkennung *objektzentrierte Koordinaten* (also spezifische Koordinaten für jedes Objekt) erfordert. Der entsprechende Algorithmus arbeitet mit einem *generalisierten Konus* (Kegel) als Oberfläche eines externen Objekts (d. h. eine Oberfläche, die erzeugt wird, wenn man einen Kegelschnitt oder eine ähnliche Fläche entlang einer Achse im Raum bewegt). Für die bereits bestehenden Repräsentationen wird also je eine Hauptachse festgelegt. Die Lage der Achsen einzelner konischer Elementarobjekte zueinander konstituiert deren räumliche Anordnung. Es ist gerade der generalisierte Konus, der als Gestalt wiedererkannt wird. Ferner muss die Gruppierung der Elementarobjekte in den Algorithmus eingehen. Dadurch entsteht ein dreidimensionales Modell mit objektzentriertem Koordinatensystem und invarianten Hauptachsen seiner Konen. Das Modell ist also jetzt vom Beobachter unabhängig: Jede Beobachterperspektive generiert das gleiche Modell. Dadurch können z. B. Gesichter von vorne und im Profil erkannt werden. Tatsächlich bietet die TVS auf dieser Grundlage einen Algorithmus, der dreidimensionale Bilder erzeugen kann (d. h. Bilder, die wir als dreidimensional erkennen können). Im Fall der Identifikation vergleicht das System seinen aktuellen Inhalt mit in seinem Gedächtnis gespeicherten dreidimensionalen Modellen in Hinsicht auf Übereinstimmungen.

Philosophischer Kommentar zur Theorie visueller Systeme (TVS)

In *methodologischer* Hinsicht geht die TVS von einem *realistischen* Standpunkt aus. Denn die Rohdaten (d. h. die Abbilder und Repräsentationen), die von den Algorithmen prozessiert werden sollen, werden im Blick auf geeignete physikalische Beschränkungen artifiziell präpariert, die bereits solides objektives Wissen (4.189) über die externe Welt enthalten: Das, was herauskommen soll (also eine Information über Eigenschaften externer Objekte), wird über den für uns immer schon möglichen Weltbezug ermittelt und über Projektionen (zweidimensionale Abbildungen dreidimensionaler Gegenstände) codiert. Dieser Effekt erhält dadurch die Gestalt, in der er als Abbild den Photorezeptoren auf der Retina zugänglich ist. Vorgeschlagene Algorithmen werden dann dadurch geprüft, dass festgestellt wird, ob sie aus den codierten Daten genau das herausholen können, was der TVS-Theoretiker als objektive Information über die externe Welt vorher hineingesteckt hat. Ferner wird natürlich angenommen, dass sich auch die postulierten Algorithmen im Gehirn über evolutionäre Selektionen herausgebildet und bewährt haben. Ein Beispiel dafür ist die Nutzung des Wissens, dass die meisten externen Objekte starr sind und dass drei verschiedene orthogonale Blickwinkel auf vier verschiedene, nicht in einer Ebene liegende Punkte von starren Körpern genügen, um die dreidimensionale Struktur starrer Körper eindeutig zu bestimmen. Dieses Wissen leitet das Design des Algorithmus (1.33). Die Daten werden unter anderem so präpariert, dass die Dreidimensionalität starrer Körper zweidimensional projiziert wird. Dabei muss insbesondere auch das schwierige Eindeutigkeitsproblem gelöst werden. Dieses Problem stellt sich deshalb, weil im Allgemeinen zweidimensionale Strukturen Projektionen sehr verschiedener, z. T. bizarrer Urbilder sein können.

Auf den ersten Blick enthält die TVS Elemente der Subjektphilosophie (3.161), insofern sie davon ausgeht, dass im Gehirn Daten (im einfachsten Fall Lichtimpulse als Stimuli) auf vielfältige und komplexe Weise prozessiert werden. Genauer betrachtet behauptet die TVS jedoch, im Gegensatz zur Subjektphilosophie:

(i) Der Verarbeitungsprozess ist nicht begrifflicher oder logischer Natur (er ist also keine Sprache des Denkens), sondern hat die Form verschiedener extrem schnell arbeitender Algorithmen.

(ii) Die Daten, die prozessiert werden, sind nicht etwas direkt Gegebenes im Sinne unverfälschter Stimuli oder Sinnesdaten (4.181). Das gilt schon für die anfängliche Datenmenge (die photorezeptorischen 2D-Abbilder), erst recht natürlich von den Repräsentationen auf höheren Ebenen; vielmehr handelt es sich bei diesen Daten um Formen kausaler Interaktionen zwischen externen Objekten und sehenden Systemen, die selbst objektiven Status haben, obgleich sie trivialerweise unabhängig von sehenden Systemen nicht in der Welt vorkämen.

(iii) Die algorithmische Prozessierung ist zwar konstruktiv, aber nicht im Sinne einer Konstruktion von Objekten oder von Weltbezügen, sondern im Sinne einer Konstruktion von subsprachlichen Hypothesen über die externe Welt, die sich zu bewähren haben und die bewährt sind.
(iv) Weder die Frage der Zuverlässigkeit noch die Frage des subjektiven Zugangs zu den Resultaten der Prozessierung von Daten spielt irgendeine systematische Rolle in der Theorie.
(v) Die Art der (durch Photorezeptoren ermittelten) Daten und der Algorithmen sind zumindest intraspezifisch, z. T. sogar transspezifisch identisch, d. h. die TVS lässt keinen Raum für individuell verschiedene Perspektiven auf die Welt (außer in bezug auf beobachterzentrierte Koordinaten auf sehr elementaren Ebenen des Prozessierens).
(vi) Repräsentationen sind nach TVS weder einfach gegeben noch Gegenstand der Wahrnehmung oder Introspektion; sie haben ferner keinen epistemischen Status im Raum der Gründe und sind nicht Material für linguistische Ordnungen.

Die *Stärke* der TVS und ihre Relevanz für philosophische Wahrnehmungstheorien besteht darin,
(i) dass sie ebenso wie die Teleosemantik von subsprachlichen Repräsentationen ausgeht und allgemein Wahrnehmungen auf einer nicht-sprachlichen, algorithmischen Ebene behandelt,
(ii) dass sie die Formierung der Teleogehalte (3.130) von Wahrnehmungen als konkretisierte Bilder rekonstruieren kann, die über Kanten und Ecken, Bewegungskontinuität und Dreidimensionalität einen subsprachlichen Objektbezug enthalten,
(iii) dass sie die erzeugte subsprachliche Information und die zugrunde liegenden Algorithmen als sub-

sprachliche und evolutionär bewährte Hypothesen über die externe Welt darstellt, und
(iv) dass sie naiv – realistische Wahrnehmungstheorien unterminiert.

Aber die TVS hat aus philosophischer Sicht auch mit einigen *Defiziten* zu kämpfen:
(i) Die Theorie operiert vornehmlich auf der funktionalen Ebene und bietet keinen begrifflichen Spielraum für die Idee der Dysfunktionalität oder der Fehlrepräsentation.
(ii) Der Repräsentationsbegriff der TVS ist unterkomplex, wird eher im alltäglichen Sinne als ein Stehen-für-etwas verwendet und ist begrifflich abhängig von einem Informationsbegriff, der seinerseits in keiner Weise erläutert wird.
(iii) Die TVS arbeitet mit einem Informationsbegriff aus der Perspektive des Theoretikers, der eine natürliche Sprache meistert; dieser Begriff hat von vornherein eine semantische Dimension, aber die TVS erläutert nicht, was es heißt, dass innere Episoden der Wahrnehmung Informationen *für* ein sehendes System sind.
(iv) Die TVS nimmt implizit an, dass im Fall einer Information B *für* ein sehendes System A aufgrund einer inneren Episode C gilt: $p(B|C) = 1$ und $p(B) < 1$, also $p(B|C) > p(B)$, und das ist gerade die Bedingung für den (semantisch uninteressanten) physikalischen Informationsbegriff (im Sinne von 3.127–3.128).
(v) Daraus folgt: Die TVS setzt die Grundzüge eines philosophischen Realismus (2.46–2.49), einer philosophischen Semantik und die übliche allgemeine Wissenschaftstheorie voraus, kann aber zugleich für eine Präzisierung eben dieser Positionen hilfreich sein. Das ist ein durchaus fruchtbarer Zirkel.

Die Zuverlässigkeit von Wahrnehmungen

Fragen wir zum Abschluss dieses Kapitels nach der *Zuverlässigkeit* von Wahrnehmungen. Sinnesdatentheorie (4.181) und (naiver) Realismus in der Wahrnehmungstheorie (4.184) bieten keine aussichtsreichen Ressourcen für eine Diskussion dieser Frage. Denn der naive Realismus gibt zwar eine positive Antwort – aber nur per definitionem, weil er Wahrnehmungen von vornherein als erfolgreich *definiert*. Und die Sinnesdatentheorie kann aus ihren eigenen theoretischen Prämissen die Kluft zwischen Episoden des Scheinens und den Tatsachen in der Welt nicht endgültig überwinden. Einzig die repräsentationale Wahrnehmungstheorie bietet eine erfolgversprechende Strategie an, weil sie die Formierung der elementaren subsprachlichen Teleogehalte in eine evolutionäre Geschichte (2.94) einbettet. Diesem Ansatz zufolge ließe sich behaupten:

(a) Externe Zustände erzeugen kausal Stimuli (z. B. Lichtimpulse), die ihrerseits unter bestimmten Bedingungen in lebenden Wesen über deren Sinnesorgane mentale Episoden kausal hervorbringen, die ihrerseits zu motorischen Reaktionen führen.

(b) Aufgrund evolutionärer Selektion entwickelt das Gehirn einiger lebender Wesen die echte Funktion (2.100), unter den genannten Umständen mentale sensorische Episoden zu erzeugen, die 1–1-korreliert sind mit jenen externen Ereignissen, deren Stimuli die Gehirne zur Produktion der mentalen sensorischen Episoden anregen.

(c) Dadurch werden diese Episoden zu *verlässlichen* Repräsentationen externer Ereignisse (Episoden des Scheinens, *Wahrnehmungen* mit Teleogehalten, 3.130), obgleich Fehlrepräsentationen in einzelnen Fällen nicht auszuschließen sind.

(d) Im Rahmen der Biographien individueller Organismen können einzelne Episoden des Scheinens nur vor dem Hintergrund anderer Episoden des Scheinens und ihrer mentalen Abgleichung als Fehlrepräsentationen entlarvt werden (z. B. durch Wiederholungen oder Vergleich mit gespeicherten Wahrnehmungen). Je umfassender die Abgleichung ist und je besser sie gelingt, umso unwahrscheinlicher ist es, dass die abgeglichenen Episoden Fehlrepräsentationen sind.

(e) Dem Interpretationismus zufolge (3.158–3.164) gilt ein analoges Argument für die Formierung von *propositionalen Gehalten* (3.133) von Beobachtungssätzen (4.188 (4), 4.214), wenn man diese Formierung auf evolutionäre Prozesse der wechselseitigen Interpretationspraktiken bezieht.

(f) Insbesondere setzt gelingendes sprachliches Verstehen voraus, dass propositional gehaltvolle (3.133) Beobachtungssätze überwiegend wahr sein müssen und dass die Falschheit einzelner Beobachtungssätze nur auf der Grundlage einer großen Menge von wahren Beobachtungssätzen zu entdecken ist.

(g) Insgesamt würden wir nicht überleben und könnten uns nicht reproduzieren, und wir würden einander nicht verstehen können, wenn unsere Wahrnehmungen nicht zum größten Teil zuverlässig und unsere Beobachtungssätze nicht zum größten Teil wahr wären.

(h) Das gilt *nicht* von Sätzen über nicht-beobachtbare Bereiche, insofern gibt es hier eine epistemologische Asymmetrie zugunsten der Beobachtungssätze.

(i) Die Alltagssprache beruht zu einem erheblichen Teil auf Wahrnehmungen und Beobachtungssätzen. Darum repräsentiert der alltägliche Sprachgebrauch von seinen Bedeutungen, seiner *Semantik* her zugleich tiefgesetztes elementares Wissen

(4.189) über die Welt; die scharfe Differenz zwischen analytischen und synthetischen Sätzen bricht zusammen; analytische Sätze sind nur noch dadurch ausgezeichnet, dass sie ein *besonders tief verankertes und bewährtes Weltwissen* darstellen, das in den Sprachgebrauch eingedrungen ist.

Diese Argumentation erinnert an den *Empirismus*, wenn wir diese Position weitherzig genug fassen:

4.187 *Allgemeiner Empirismus*

Der *Empirismus* behauptet in allen seinen Varianten, dass alles Wissen von der externen Welt (4.189), das nicht logisches oder mathematisches Wissen ist, auf Wahrnehmung (4.183), Beobachtung (1.20) und empirischer Erfahrung (4.183 (6)) beruht, weil dieses Wissen entweder aus Wahrnehmungen, Beobachtungen und empirischer Erfahrung ableitbar ist, oder anhand von Wahrnehmungen, Beobachtungen und empirischer Erfahrung kritisch geprüft werden muss.

Wir können also im Allgemeinen von der Zuverlässigkeit unserer Wahrnehmungen ausgehen:

4.188 *Die Zuverlässigkeit von Wahrnehmungen*

(1) Aufgrund ihrer natürlichen Funktionalität und Repräsentationalität (3.128) sind Wahrnehmungen (4.183) in eine evolutionäre Geschichte (2.94) eingebettet (evolutionäre Bewährung).
(2) Einzelne gegebene Wahrnehmungen sind zwar niemals mit Sicherheit zuverlässig, können aber durch Abgleichung mit Wahrnehmungen in ähn-

lichen Situationen auf ihre Zuverlässigkeit hin überprüft werden (Möglichkeit wechselseitiger Abgleichung von Wahrnehmungen).
(3) Sinnestäuschungen (4.184 (3)) können begrifflich nur auf der Grundlage eines Konzepts von erfolgreichen Wahrnehmungen ausgezeichnet werden (theoretische Asymmetrie der Wahrnehmungen).
(4) Einzelne *Beobachtungssätze* (also singuläre Sätze oder Aussagen (1.27), die Wahrnehmungen (4.183) oder Beobachtungen (1.20 (1)) beschreiben) sind zwar niemals mit Sicherheit zuverlässig, können aber durch Abgleichung mit Beobachtungssätzen in ähnlichen Situationen auf ihre Zuverlässigkeit hin überprüft werden (Möglichkeit wechselseitiger Abgleichung von Beobachtungssätzen).
(5) Falsche Beobachtungssätze können begrifflich nur auf der Grundlage eines Konzepts von wahren Beobachtungssätzen ausgezeichnet werden, in denen Wahrnehmungen beschrieben werden (theoretische Asymmetrie der Beobachtungssätze).
(6) Wegen der interpretativ bewährten Formierung propositionaler Gehalte (3.133) von Beobachtungssätzen und der evolutionären Bewährung von Wahrnehmungen sind Beobachtungssätze, die durch Abgleichung überprüft wurden, im Allgemeinen zuverlässig.

Mit 4.188 ist der klassische Empirismus im Rahmen der repräsentationalen Wahrnehmungstheorie reformuliert.

12. Epistemologie

Die Idee des Wissens

Die *Epistemologie* (= Erkenntnistheorie) ist die philosophische Theorie des Wissens (altgriechisch *episteme* für Wissen). Es gibt verschiedene Formen des Wissens und Kennens. Wir können Personen oder Städte kennen (Wissen im Sinne einer *Vertrautheit* mit Gegenständen), wir können wissen, wie man Querflöte spielt oder eine Waschmaschine repariert (Wissen, *wie* man etwas macht), und wir können wissen, dass die platonische Akademie politische Verbindungen zum makedonischen Königshof hatte oder dass sich nichts schneller als das Licht bewegen kann (Wissen, *dass* etwas der Fall ist). Gewöhnlich können wir unser Wissen auf Nachfrage sprachlich artikulieren. Wissen ist eine Form von Meinung, geht aber über bloße Meinung hinaus. Man kann z. B. sagen: »Das *meine* ich nicht nur, das *weiß* ich«. Es muss also Kriterien geben, mit deren Hilfe wir Wissen von bloßer Meinung unterscheiden können.

4.189 *Formen von Wissen*

(1) *Überzeugungswissen (faktisches, propositionales Wissen)*: Wissen, dass etwas der Fall ist.
(2) *Regelwissen (praktisches Wissen, Know-How)*: Wissen, wie etwas getan werden soll.
(3) *Wissen als Kenntnis (Vertrautheit)*: Kenntnis von Personen und anderen Einzeldingen.

Für alle drei Formen des Wissens gelten folgende Bedingungen:
(a) Das Gewusste ist sprachlich durch einen Satz artikulierbar.

> (b) Das Gewusste ist lehr- und lernbar (tradierbar).
> (c) Es gibt anerkannte Selektions- und Evaluationskriterien, um Wissen gegenüber bloßen Meinungen auszuzeichnen.

Petra weiß beispielsweise, dass Helmut Kohl 16 Jahre lang die BRD regierte, oder dass die Erde sich um die Sonne dreht (Überzeugungswissen); Petra weiß aber vielleicht auch, wie man einen gedeckten Apfelkuchen backt oder wie man einen Vergaser reinigt (Regelwissen); und Petra kennt Franz aus alten Zeiten und Hamburg wie ihre Westentasche (Vertrautheit).

Mit Bedingung (a) aus 4.189 legen wir uns auf eine Einengung der philosophischen Epistemologie fest, die zwar üblich, aber alles andere als selbstverständlich ist: Wir beschränken uns auf epistemische Zustände mit *propositionalem* Gehalt (3.133). Wissen als Kenntnis ((3) in 4.189) erfüllt diese Bedingung nicht in allen Fällen; und das gilt erst recht für Formen des bewussten phänomenalen Erlebens, wie etwa das Wissen, wie es ist, Musik von Johannes Brahms zu genießen.

Traditionelle Epistemologie

Die traditionelle Epistemologie befasst sich hauptsächlich mit dem Überzeugungswissen und geht davon aus, dass dieses Wissen zumindest *wahre* Meinung ist, denn eine Meinung, die nicht wahr ist, würden wir wohl kaum als Wissen ansehen. Aber die Wahrheit einer Meinung sollte nicht nur auf bloßem Zufall oder auf glücklichem Raten beruhen: Die *Wahrheitskontingenz* ist mit unserer Idee vom Überzeugungswissen unvereinbar. Wenn meine jüngste Tochter im zarten Alter von zehn Jahren meint, dass das Universum zeitlich und räumlich endlich ist, aber damit nur die Meinung ihrer Eltern nachplappert, dann ist diese Meinung der heutigen Physik zufolge wahr, aber sie ist wohl kaum ein Fall von Wissen. Wenn dagegen Stephen Hawking meint, dass die Raum-Zeit gekrümmt ist, dann handelt es sich aller Wahrscheinlichkeit nach um Wissen. Denn Hawking kann seine physikalische Meinung im Gegensatz zu meiner kleinen Tochter auch *begründen*. Das epistemologische Problem der Wahrheitskontingenz kann nur vermieden werden, wenn wir Wissen als wahre Meinung betrachten, die *zusätzlich gestützt ist* – gestützt durch Gründe oder andere Mechanismen. Die *zentrale Idee des propositionalen Wissens* ist daher, dass dieses Wissen wahre und gestützte Meinung ist. Und traditionell ist eine Stützung von Wissensansprüchen stets als Begründung oder Rechtfertigung durch Gründe aufgefasst worden. Dabei muss nicht notwendigerweise unterstellt werden, dass wir die Wahrheit oder Falschheit einer Meinung stets sicher erkennen können, und es muss auch nicht unterstellt werden, dass z. B. eine vorgelegte Begründung die Wahrheit einer Meinung stets so sicher machen kann wie ein Beweis (1.23 und im Anschluss an 1.33). Mit der zentralen Idee des propositionalen Wissens ist die Annahme zumindest vereinbar, dass wir als endliche Wesen nur selten wissen können, ob wir etwas wirklich und endgültig wissen.

4.190 *Epistemologische Grundannahmen zum Überzeugungswissen*

(1) *Prämisse:* Wissen ist *wahre Meinung*, aber nicht jede wahre Meinung ist Wissen, denn Meinungen können kontingenterweise (2.55) wahr sein.
(2) *Allgemeine Wissensdefinition: Wissen* (im Sinne von Überzeugungswissen) ist wahre gestützte Meinung.

> (3) *Traditionelle Wissensdefinition: Wissen* (im Sinne von Überzeugungswissen) ist wahre gerechtfertigte (= begründete) Meinung.
> (4) Allgemeine und traditionelle Wissensdefinition sind damit vereinbar, dass wir nicht endgültig wissen können, ob wir etwas wissen.

Der in 4.190 benutzte *Wahrheitsbegriff* wird meist im *minimalistischen* Sinne verstanden, d. h. im Sinne der Zitat-Tilgungstheorie der Wahrheit (1.7 (4)).

Eine der *Kernfragen der Epistemologie* lautet, wie die Forderung einer zusätzlichen *Stützung* von wahren Meinungen ausbuchstabiert werden sollte. Denn genau diese Forderung muss das entscheidende Kriterium für Wissen enthalten. Wie aus 4.190 hervorgeht, hat die klassische traditionelle Epistemologie unter der Stützung wahrer Meinungen einen Verweis auf Gründe verstanden. Aber mit dieser Festlegung sind zwei verschiedene Positionen vereinbar, wenn wir einen infiniten Begründungsregress vermeiden wollen. Die eine dieser Positionen versucht, *basale Gründe* auszuzeichnen, die ihrerseits nicht durch andere Gründe gestützt werden müssen und daher das *Fundament* allen Wissens darstellen. Insofern spricht man hier von einem *epistemologischen Fundamentalismus*. Die zweite Position geht davon aus, dass es keine basalen Gründe gibt, und behauptet daher, dass sich unsere Gründe *gegenseitig stützen*, wenn sie zumindest kohärent (d. h. widerspruchsfrei) sind. Das ist der *epistemologische Kohärentismus*.

Der epistemologische Fundamentalismus tritt in zwei unterschiedlich starken Versionen auf. Die stärkere Version behauptet, dass alles Wissen aus den basalen Gründen deduktiv (= in logisch gültiger Weise) abgeleitet werden kann. Das ist ein *axiomatisches* Bild (1.40) von begründbarem Wissen: Wissen ist stets *bewiesenes* Wissen. Die schwächere Version behauptet lediglich, dass alles Wissen anhand der basalen Gründe kritisch geprüft und bestätigt werden muss. Das ist ein *fallibilistisches* Bild von begründbarem Wissen (fallibilistisch ist es deshalb, weil Wissensansprüche durch basale Gründe zwar definitiv widerlegt, aber niemals endgültig gesichert, sondern allenfalls gut bestätigt werden können) (1.23). Der epistemologische Kohärentismus scheint einräumen zu müssen, dass zirkuläre Begründungen nicht nur zulässig, sondern sogar die einzig mögliche Form einer Begründung von wahren Meinungen sind; aber zirkuläre Begründungen sind nicht überzeugend. Die Kohärentisten verweisen daher lieber auf den semantischen Holismus (3.137), um ihre Position zu erläutern: Alle oder doch die meisten propositional gehaltvollen Sätze (3.133) sind in ein Netz weiterer kohärenter propositional gehaltvoller Sätze eingebettet, und diese semantische Einbettung liefert die Begründungen, die für Wissen erforderlich sind.

Beide Positionen sind allerdings bereits im Rahmen der traditionellen epistemologischen Debatten ernsten Einwänden ausgesetzt gewesen. Ein Einwand gegenüber dem Fundamentalismus lautet z.B., dass wir eine Unterscheidung brauchen zwischen Gründen, die *kontingenterweise* basal sind, weil wir sie zufälligerweise beim Stand unseres Wissens nicht weiter begründen können, und Gründen, die *intrinsisch* (= ihrer inneren Natur nach) basal sind. Die Behauptung, dass Gründe intrinsisch basal sind, bedarf aber ihrerseits einer Begründung. Folglich sind Gründe entweder kontingenterweise basal oder überhaupt nicht basal. Der Kohärentismus andererseits kann sich vom Verdacht zirkulärer Begründungen nicht befreien. Und angenommen, Mengen von Gründen stützen sich wechselseitig – warum sollten wir dann *beide* Mengen von Gründen akzeptieren? Wie lässt sich entscheiden, *welche* Gründe wir akzeptieren sollten? Wenn der Kohärentismus darauf eine Antwort hat, dann muss er auf Gründe *jenseits* der beiden Mengen von Gründen zurückgreifen und wird daher letztlich auf den Fundamentalismus zurückgeworfen. Wenn er keine Antwort hat, dann scheint die Akzeptanz von Gründen beliebig und willkürlich zu sein. Es gibt also einigen Anlass zu glauben, dass es für keinen Wissensanspruch hinreichend akzeptable Begründungen gibt, d. h. dass es nach 4.190 (3) kein Wissen gibt. Diese pessimistische Folgerung vertritt eine weitere traditionelle epistemologische Position, der (epistemologische) *Skeptizismus*.

> **4.191** *Die drei traditionellen epistemologischen Positionen*
>
> Die traditionellen epistemologischen Positionen gehen von der traditionellen Wissensdefinition aus (4.190 (3)).
> (1) Der *epistemologische Fundamentalismus* behauptet, dass einige Begründungen auf Wissen und Gründen beruhen, die fundamental (= basal) sind, d. h. für die es keine weiteren internen Begründungen gibt. Der *axiomatische* (1.40) *Fundamentalismus* behauptet, dass sich alles Wissen deduktiv aus den basalen Gründen herleiten lässt. Der *fallibilistische Fundamentalismus* behauptet, dass sich alles Wissen durch Verweis auf die basalen Gründe kritisch prüfen und entweder widerlegen oder bestätigen lässt.
> (2) Der *epistemologische Kohärentismus* behauptet, dass es keine basalen Gründe gibt, die als Fundament unseres Wissens gelten können, sondern dass sich gute Gründe gegenseitig stützen und untereinander konsistent sein müssen.
> (3) Der (epistemologische) *Skeptizismus* behauptet, dass kein Wissensanspruch hinreichend begründet werden kann und dass es daher kein Wissen gibt.

Varianten der klassischen fundamentalistischen Epistemologie

Die klassischen epistemologischen Positionen, die in der Geschichte der Philosophie über weite Strecken dominant waren, lassen sich mit Ausnahme des Skeptizismus als Spielarten des epistemologischen Fundamentalismus betrachten. Dabei wurde zum Teil eine zusätzliche Differenzierung des Wissensbegriffes benutzt, die einflussreich geworden ist: die Unterscheidung zwischen *Wissen a priori* und *Wissen a posteriori*. Die Formulierung dieser Unterscheidung greift auf den Unterschied zwischen analytischen und synthetischen Sätzen zurück, der allerdings nur in eingeschränkter Form haltbar ist (Kapitel 11, Punkt (i) auf S. 45–46).

4.192 *Wissen a priori* und *Wissen a posteriori*

Es gibt zwei grundlegend verschiedene Formen des Wissens:
(1) *Wissen a priori* ist Wissen, das wir in unserem *Geist* und unabhängig von der Wahrnehmung (4.183) und der empirischen Erfahrung (4.183 (6)) der externen Welt auffinden können. Wissen a priori ist typischerweise logisches, mathematisches und semantisches Wissen (also begriffliches, auf der Kenntnis von Wortbedeutungen beruhendes Wissen).
(2) *Wissen a posteriori* (oder *empirisches Wissen*) ist Wissen, das auf der Wahrnehmung und empirischen Erfahrung der externen Welt beruht. Wissen a posteriori ist typischerweise naturwissenschaftliches oder psychologisches Wissen.

Viele Formen des Wissens a priori werden in analytischen Sätzen, viele Formen des Wissens a posteriori in synthetischen Sätzen formuliert. Allerdings sollten die Begriffspaare »a priori« – »a posteriori« und »analytisch« – »synthetisch« (1.20) nicht miteinander identifiziert werden. Mittels »a priori« – »a posteriori« klassifiziert man Wissensinhalte nach der Art, wie man von ihnen Kenntnis erlangt. Das Begriffspaar »analytisch« – »synthetisch« unterscheidet Aussagen dagegen nach ihrem Informationsgehalt, d. h. danach, ob sie objektiv erkenntniserweiternd sind oder nicht, ganz unabhängig davon, ob und auf welche Weise eine Person den Inhalt der Aussage kennt oder nicht.

Mit Hilfe der Unterscheidung »a priori« – »a posteriori« lassen sich die wichtigsten fundamentalistischen Spielarten der klassischen Epistemologie übersichtlich kennzeichnen:

4.193 *Varianten der klassischen fundamentalistischen Epistemologie*

(1) Die *antike Epistemologie* geht davon aus, dass es sowohl Wissen a priori als auch Wissen a posteriori gibt, und dass einige Arten des Wissens auf Wissen a priori, andere auf Wissen a posteriori und wieder andere sowohl auf Wissen a priori als auch auf Wissen a posteriori beruhen.

(2) Der *neuzeitliche Rationalismus* behauptet, dass all unser Wissen letztlich auf Wissen a priori beruht.

(3) Der *neuzeitliche Empirismus* behauptet, dass all unser Wissen (4.189) letztlich auf Wissen a posteriori beruht (3.140, 4.187, 4.192 (2)).

Eine der einflussreichsten neueren Varianten des Empirismus ist der *logische Empirismus*, der die Wiederentdeckung der formalen Logik in das Konzept des Empirismus integrierte. Das bedeutet im Wesentlichen, dass dem logischen Empirismus zufolge die Beziehung zwischen den basalen Gründen und anderen Behauptungen im Rahmen von Wissensansprüchen die Form logisch gültiger Argumente annehmen sollte. Eine weitere Kernthese des logischen Empirismus ist, dass alle sinnvollen Sätze entweder analytisch oder synthetisch sind. Und daraus ergibt sich wiederum eine neue Standortbestimmung der Philosophie: Die Philosophie produziert begriffliches Wissen in Form von analytischen Sätzen, d. h. sie untersucht im Wesentlichen die Bedeutungen und logischen Beziehungen von alltäglichen und wissenschaftlichen Behauptungen (darin bestand die *linguistische Wende (linguistic turn)* der Philosophie zu Beginn des 20. Jahrhunderts).

4.194 *Logischer Empirismus*

(1) Es gelten die Grundsätze der klassischen Semantik (3.140).
(2) Alles Wissen (4.189) muss letztlich auf Wahrnehmungen (4.183) und Beobachtungssätze (4.188 (4), 4.214) zurückgeführt werden (4.187); diese Zurückführung muss mit den Mitteln der formalen Logik formuliert werden.
(3) Die formale Logik setzt Bivalenz (1.24 (4)) und Nominalismus (2.46, 2.47) voraus (nur Quantifikationen über einzelne Gegenstände und nur Rückgriffe auf De-dicto-Modalitäten (2.58) sind erlaubt).
(4) Zentrale Aufgabe der Philosophie ist die semantische und logische Analyse der alltäglichen und wissenschaftlichen Sprache in Form von analytischen Sätzen (Philosophie wird verstanden als Formalwissenschaft (4.208(1)), die Philosophie vollzieht einen *linguistic turn*).

Der logische Empirismus teilt mit dem älteren Empirismus eine zentrale Idee, die später der *Mythos des Gegebenen* genannt wurde:

> **4.195** Der *Mythos des Gegebenen*
>
> (1) Wahrnehmungen (4.183) und Sinnesdaten (4.181) gehören sowohl zum Reich der Natur als auch zum logischen Raum der Gründe (3.163).
> (2) Als Vorkommnisse im Reich der Natur (vor 1.11, 3.163) werden Wahrnehmungen und Sinnesdaten kausal von externen Ereignissen verursacht, und als Elemente des logischen Raums der Gründe können sie zur Rechtfertigung und Prüfung von Wissensansprüchen dienen.

Man muss sich allerdings nicht dem Mythos des Gegebenen verpflichten, wenn man eine Spielart des Empirismus verteidigen will – also eine Spielart des epistemologischen Fundamentalismus, der den Verweis auf Wahrnehmungen als basalen Grund für Wissensansprüche ansieht. Denn ein fallibilistischer Fundamentalismus (4.194 (1)), der von einer allgemeinen Zuverlässigkeit von Wahrnehmungen und Beobachtungsaussagen ausgeht (4.192), ist ein gemäßigter Empirismus, für den gute Gründe sprechen.

Gettier-Probleme

Es gibt freilich noch einen ganz anderen Einwand gegen die Idee vom Wissen als wahrer begründeter Meinung (4.190), der für jede beliebige Art von Begründung zu gelten und daher jede Version des epistemologischen Fundamentalismus zu treffen scheint – den vieldiskutierten Einwand von Edmund Gettier, der in einer großen Anzahl von *Gettier-Fällen* ausbuchstabiert worden ist.

Hier ist ein Beispiel für das Problem:

(a) Unsere Erfahrung ist, dass Uhren im Allgemeinen zuverlässig arbeiten.
(b) Wir meinen daher, dass wenn diese Uhr U anzeigt, dass es 4 Uhr ist, es 4 Uhr ist.
(c) Wir meinen auch, dass wenn wir heute um 4 Uhr auf U schauen, U anzeigt, dass es 4 Uhr ist.
(d) Tatsächlich ist U jedoch vor drei Tagen genau um 4 Uhr stehen geblieben.

Es folgt: Wegen (a) ist die Meinung (b) gerechtfertigt. Wegen (a) und (b) ist die Meinung (c) gerechtfertigt. Wegen (d) ist die Meinung (c) wahr. Aber die Meinung (c) ist offenbar nur kontingenterweise wahr (weil U zufälligerweise um 4 Uhr stehen geblieben ist).

Betrachten wir zwei weitere Beispiele:

Erstes Beispiel: Häufig haben wir unseren Freund Fred einen Ford fahren gesehen (a). Daher glauben wir, dass Fred einen Ford besitzt (b), und sind in dieser Überzeugung gerechtfertigt. Hieraus können wir zum Beispiel ableiten, dass Fred einen Ford besitzt oder dass Barbara (eine gemeinsame Bekannte) einen Ford besitzt (b*). Somit ist unsere Überzeugung b* ebenfalls gerechtfertigt. Tatsächlich jedoch besitzt Fred keinen Ford, Barbara dagegen besitzt einen Ford (c*). Also ist die Überzeugung wahr, dass Fred keinen Ford hat, Barbara hingegen sehr wohl einen Ford besitzt (c). Aber wir glauben dies nicht, weil wir über keinerlei Belege verfügen, die uns davon überzeugen würden, dass Fred, anders als Barbara, keinen Ford besitzt. Klarerweise impliziert c die Wahrheit von b* und die Falschheit von b. Somit ist b* zwar wahr und gerechtfertigt, aber bloß zufällig wahr und stellt daher kein Wissen dar.

Zweites Beispiel: Wenn wir in einer Provinz eine Scheunenfassade sehen, so gehen wir davon aus, es handele sich dabei um die Vorderseite einer wirklichen Scheune (wir also eine echte Scheune ansehen), denn in allen Provinzen, die wir bislang bereist haben, sind wir so gut wie immer auf Fassaden wirklicher Scheunen gestoßen (a). Zur Zeit befinden wir uns in der Provinz CB. Daher sind wir davon überzeugt, dass wann immer wir in CB eine Scheunenfassade sehen, es sich tatsächlich um eine echte Scheune handelt (b), und wir sind in dieser Überzeugung sicherlich wegen a gerechtfertigt. Daraus können wir ableiten, dass wenn wir in CB eine einzelne Scheunenfassade SF sehen, es sich bei SF um eine wirkliche Scheune handelt (b*), und auch in dieser Überzeugung sind wir selbstverständlich gerechtfertigt. In Wirklichkeit ist CB jedoch die Scheunenfassadenprovinz (eine Gegend mit zahlreichen Scheunen-Attrappen), und es ist ein bloßer Zufall, dass wir bei SF auf eine der wenigen Scheunenfassaden gestoßen sind, die tatsächlich die Vorderseite einer echten Scheune bilden (c*). Also ist die Überzeugung wahr, dass SF sich in der Scheunenfassadenprovinz befindet und dennoch eine wirkliche Scheune ist (c), aber wir glauben dies nicht, weil wir keinerlei Belege dafür haben, dass wir uns in der Scheunenfassadenprovinz befinden und dass SF eine der wenigen echten Scheunen in dieser Gegend ist. c aber impliziert die Wahrheit von b* und die Falschheit von b. Daher gilt wiederum, dass b* wahr und gerechtfertigt ist, aber kein Wissen darstellt. Denn b* ist eine Meinung, die nur kontingenterweise wahr ist.

Die allgemeine Beschreibung des Problems lässt sich folgendermaßen formulieren:

4.196 *Das Gettier-Problem*

Die Standard-Definition von Wissen als wahre gerechtfertigte Meinung (4.190) ist nicht hinreichend.

Denn man kann Beispiele der folgenden Struktur konstruieren:
(a) S hat die Meinungen b und b*.
(b) S verfügt über Gründe r derart dass
   (i) r die Meinung b rechtfertigen und
   (ii) S glaubt, dass (i) der Fall ist.
(c) Ferner gilt:
   (i) b impliziert logisch b*, und
   (ii) S glaubt, dass (i) der Fall ist.
(d) Es gibt ein Faktum c* und eine Meinung c mit dem Gehalt (3.130), dass c* der Fall ist (so dass c wahr ist) derart dass
   (i) S die Meinung c *nicht* hat,
   (ii) c die Meinung b* impliziert (so dass b* wahr ist),
   (iii) es keine Gründe gibt, die c rechtfertigen oder von denen S glaubt, dass sie c rechtfertigen, und
   (iv) dass gilt: c impliziert nicht-b (so dass b falsch ist).

Das *Gettier-Problem*: Es gibt Beispiele, die (a)–(d) erfüllen, und wenn (a)–(d) erfüllt sind, dann ist b* wahr, und S ist gerechtfertigt, b* zu glauben, aber b* ist (für S) nur kontingenterweise wahr und daher nicht Wissen, obgleich alle Bedingungen der Standard-Definition für Wissen (4.190) erfüllt sind. Die Bedingungen der Standard-Definition für Wissen sind daher nicht hinreichend.

Wenn wir dem Gettier-Problem entgehen wollen, müssen wir den klassischen Wissensbegriff verfeinern. Wie sich dies im Einzelnen bewerkstelligen lässt, können wir hier nicht besprechen. Die allgemeine Idee ist zu sagen, dass Wissensansprüche einer Person nicht nur durch Gründe gestützt werden müssen, über welche die Person selbst verfügt; Wissensansprüche müssen vielmehr zusätzlich auch dadurch gestützt werden, dass es keine Gründe geben darf, die der Person *nicht* bekannt sind, die aber ihre eigenen Gründe untergraben. Das ist der Kern der *Unterminierungstheorie*:

> **4.197** *Unterminierungstheorie*
>
> (1) Die wahre begründete Meinung einer Person S *ist unterminiert*, wenn gilt:
>   (a) S meint, dass p.
>   (b) Behauptung »p« ist wahr.
>   (c) S verfügt über Gründe G dafür, zu meinen dass p, so dass »p« aus G folgt.
>   (d) Es gibt weitere Gründe G*, so dass G zusammen mit G* keine Begründung für »p« mehr ist (d. h. so dass G* die Begründung von »p« durch G *unterminiert*).
> (2) *Wissen* ist wahre, gerechtfertigte, nicht unterminierte Meinung.

Mit der Unterminierungstheorie lassen sich tatsächlich viele Gettier-Fälle entschärfen. Im Ford-Beispiel etwa, das wir oben skizziert haben, unterminiert die Evidenz c den Grund b, über den wir (fälschlich) zu verfügen glauben (»Evidenz« wird hier als empirischer Beleg, also als ein in der empirischen Erfahrung aufweisbarer Befund verstanden).

Die bisher skizzierten Varianten des epistemologischen Fundamentalismus und der epistemologische Kohärentismus gehen davon aus, dass die Begründung einer Meinung nicht nur notwendig dafür ist, dass diese Meinung Wissen ist, sondern dass der Wissende *auch Zugang zu seinen Gründen hat*. Der Wissende muss nicht nur begründete

Meinungen haben; er muss die Gründe auch kennen, und er muss sicherstellen können, dass diese Gründe hinreichend sind, um seine Meinung zu begründen. Wissen erfordert einen *internen* Zugang zu Gründen, und darum werden die traditionellen Versionen der Epistemologie (ausgenommen der Skeptizismus, 4.191 (3)) auch als Spielarten einer *internalistischen Epistemologie* (oder des *Internalismus in der Epistemologie*) eingestuft.

Dieser Internalismus legt es freilich nahe, das Wissen an die Möglichkeit zu binden, dass der Wissende *feststellen kann*, ob die Bedingungen für Wissen vorliegen – und nicht nur daran, *dass* diese Bedingungen tatsächlich vorliegen. Wenn Christine beispielsweise zwar die wahren Meinungen hat, dass (i) starkes Rauchen schädlich ist, dass (ii) Teerpartikel schädlich für Lungen sind, aber (ii) nicht als Grund für (i) ansieht (entweder weil sie nicht glaubt, dass (iii) Zigaretten Teerpartikel enthalten, oder weil sie (iii) zwar glaubt, aufgrund logischer Inkompetenz aber nicht erkennt, dass (i) aus (ii) und (iii) logisch folgt), dann würde ihre wahre Meinung (i) dem Internalismus zufolge kein Wissen sein, obgleich die meisten kompetenten Beobachter darin übereinstimmen würden, dass die wahre Meinung (i) *faktisch* durch (ii) und (iii) gut begründet ist.

Wenn der Internalismus das Vorliegen von Wissen an die Möglichkeit binden will, dass der Wissende *feststellen kann*, ob die Bedingungen für Wissen vorliegen, dann handelt er sich aufgrund der Wahrheitsbedingung für Wissen (4.197 (1)(b)) eine Schwierigkeit ein. Denn die *Feststellung* der Wahrheit einer Meinung scheint normalerweise gerade darin zu bestehen, *Gründe* für die Meinung anzuführen. Radikale Internalisten haben daher die Wahrheitsbedingung für Wissen aufgegeben. Sie betrachten zugängliche Begründbarkeit als notwendig und hinreichend für Wahrheit.

4.198 *Epistemologischer Internalismus*

(1) *Strenger epistemologischer Internalismus:*
  (a) Wissen erfordert Wahrheit und internen Zugang zu Gründen; d. h.: Wenn Person S weiß, dass p, dann
    (i) ist »p« wahr,
    (ii) hält S gewisse Annahmen G für wahr und
    (iii) meint S, dass G Gründe für »p« sind (*interne Begründung* von »p«).
  (b) Eine Meinung ist Wissen genau dann, wenn sie wahr und intern begründbar ist.
(2) *Radikaler epistemologischer Internalismus:*
  (a) Ein interner Zugang zu Gründen ist für Wissen erforderlich; d. h.: Wenn Person S weiß, dass p, dann
    (i) hält S gewisse Annahmen G für wahr und
    (ii) meint S, dass G Gründe für »p« sind;
  (b) Eine Meinung ist Wissen genau dann, wenn sie intern begründbar ist.
(3) *Gemäßigter epistemologischer Internalismus:*
  (a) Wissen erfordert das Bestehen von Gründen; d. h.: Wenn eine Person S weiß, dass p, dann gilt:
    (i) S hat weitere Meinungen M, und
    (ii) es gibt kompetente Beobachter, die meinen, dass M Gründe für »p« sind, und die der Person S die Meinungen M zuschreiben (*externe Begründung* von »p« relativ auf S).
  (b) Eine Meinung von S ist Wissen genau dann, wenn sie wahr und relativ auf S extern begründbar ist.

Externalistische Epistemologie

Die internalistische Epistemologie erläutert die zusätzliche Stützung, aufgrund derer die (wahren) Meinungen zu Wissen werden, allein in Begriffen der internen Meinungssysteme der wissenden Personen oder ihrer Beobachter (4.198). Eines der Probleme mit diesem Typ von Erläuterung ist, dass die Begründungen stets logischer Natur und folglich Relationen zwischen *Sätzen* sind. Dann scheint es aber Schwierigkeiten zu bereiten, wahre Beobachtungssätze (4.188 (4), 4.214) als Wissen einzustufen. Denn die meisten Beobachtungssätze lassen sich nicht aus anderen Sätzen ableiten und folglich auch nicht begründen. Aussagen wie
»Peter weiß, dass dort ein gelbes Auto steht, denn dort steht tatsächlich ein gelbes Auto (d. h. seine Meinung ist wahr), und er sieht (unter normalen Bedingungen), dass dort ein gelbes Auto steht«,
wären dem Internalismus zufolge kein Wissen, weil sie die Wissenszuschreibung nicht an Gründe knüpfen, die mit der Meinung des Wissenden in einem logischen Zusammenhang stehen. Und doch würden wir gern sagen können, dass Wahrnehmungen unter normalen Bedingungen wahre Beobachtungsaussagen stützen und in Wissen verwandeln können.

Die verschiedenen Schwierigkeiten, mit denen die internalistische Epistemologie belastet ist, haben einige Philosophen dazu bewogen, einen ganz anderen theoretischen Zugriff zu wählen – nämlich die Stützung von wahren Meinungen auf Merkmale der Welt zurückzuführen, die *außerhalb* der Meinungssysteme der beteiligten Personen liegen. Daher werden diese epistemologischen Positionen als *externalistisch* angesehen. Externalistische Epistemologien sehen interne Begründbarkeit nicht als notwendige Bedingung (1.12) für Wissen an. Vielmehr versuchen sie, *angemessene Mechanismen der Formierung von Meinun-*

gen auszuzeichnen, die eine Meinung in Wissen verwandeln. Die beiden wichtigsten Varianten der externalistischen Epistemologie sind die *kausale Theorie des Wissens* und die *Verlässlichkeitstheorie*.

Die zentrale Idee der *kausalen Theorie des Wissens* ist, dass eine wahre Meinung zusätzlich gestützt ist, falls die Tatsache, die ihr Gehalt (3.133) repräsentiert, in der richtigen kausalen Beziehung zur Meinung selbst steht. Die richtige kausale Beziehung besteht im einfachsten Fall darin, dass die externe Tatsache, die vom Gehalt einer Meinung repräsentiert wird, eine Meinung mit eben diesem Gehalt kausal verursacht und damit eine *wahre* Meinung erzeugt. Wenn Fritz der Meinung ist, dass vor ihm ein knurrender Hund sitzt, und wenn (i) tatsächlich vor ihm ein knurrender Hund sitzt (wenn also seine Meinung wahr ist), *und wenn* (ii) die Tatsache, dass vor ihm ein knurrender Hund sitzt, seine Meinung, dass vor ihm ein knurrender Hund sitzt, kausal erzeugt hat (wenn also seine wahre Meinung zusätzlich extern gestützt ist), dann *weiß* Fritz, dass vor ihm ein knurrender Hund sitzt.

Der kausale Prozess, der von einer Tatsache p zu der wahren Meinung mit dem Gehalt p führt, kann im Einzelnen sehr kompliziert sein. Für den Fall, dass die Tatsache wahrnehmbar ist und wahrgenommen wird, haben wir mit der subsprachlichen Repräsentationstheorie (3.129) und einer psychologischen Wahrnehmungstheorie (4.186) zwei Positionen kennen gelernt, die diese komplizierten Prozesse aufzuschlüsseln versuchen. Derartige Theorien könnten die kausale Theorie des Wissens untermauern.

Diese Theorie hat offensichtlich keine Probleme mit Beobachtungssätzen (4.188 (4), 4.214) und Meinungen über Wahrnehmungen, denn solche Meinungen sind paradigmatische Fälle von Verursachung durch externe Tatsachen. Aber es gibt natürlich zahllose wahre Meinungen, die nicht direkt durch externe Tatsachen verursacht werden können, weil sie nicht oder nicht vollständig auf Wahrnehmungen beruhen – beispielsweise die Meinung, dass 41 eine Primzahl ist, oder die Meinung, dass kein Mensch alles wissen kann.

Die *Verlässlichkeitstheorie* versucht diesem Problem dadurch zu begegnen, dass sie die Bedingung für externe Stützung zwar nicht aufgibt, aber lockert. Die Kernidee ist, dass eine wahre Meinung zusätzlich extern gestützt ist, wenn der Prozess oder die Methode, aufgrund derer die Meinung zustande gekommen ist, hinreichend oft wahre Meinungen produziert. Meine Meinung, dass kein Mensch alles wissen kann, beruht nicht (nur) auf der kausalen Einwirkung einer externen Tatsache, aber vielleicht auf einer Routine der Verallgemeinerung (gegebenenfalls auf der Grundlage von Wahrnehmungen (4.183), also von kausalen Einwirkungen externer Tatsachen), und meine Meinung, dass 41 eine Primzahl ist, beruht auf algebraischen Begriffen und Beweisen (1.23).

4.199 *Externalistische Epistemologie*

(1) Die *externalistische Epistemologie*:
   (a) führt die Stützung von wahren Meinungen auf Merkmale der Welt zurück, die nicht im Meinungssystem der beteiligten Personen liegen,
   (b) sieht interne Begründbarkeit nicht als notwendige Bedingung (1.12) für Wissen an,
   (c) versucht, Mechanismen der Formierung von Meinungen auszuzeichnen, die eine Meinung in Wissen verwandeln.
(2) Die beiden wichtigsten Varianten der externalistischen Epistemologie sind die *kausale Theorie des Wissens* und die *Verlässlichkeitstheorie*:

(a) Die *kausale Theorie des Wissens* behauptet im Kern, dass eine Meinung mit dem Gehalt (3.133) p Wissen ist, wenn diese Meinung
   (i) wahr ist und
   (ii) durch die Tatsache p kausal verursacht ist.
(b) Die *Verlässlichkeitstheorie* behauptet im Kern, dass eine Meinung mit dem Gehalt p Wissen ist, wenn diese Meinung
   (i) wahr ist und
   (ii) aufgrund von Mechanismen oder Methoden erzeugt wurde, die auch in anderen Fällen verlässlich wahre Meinungen erzeugen.

Das internalistisch definierte Wissen heißt auch *inferentielles Wissen* (von lat. inferre, folgern), weil es wesentlich durch interne Begründungen und damit durch Folgerungen im weitesten Sinne erzeugt wird. Das externalistisch ausgezeichnete Wissen heißt auch *nicht-inferentielles Wissen*, denn es erfordert keinerlei Begründungen oder Folgerungen. Einige zusätzliche Beispiele für den Gegensatz zwischen internalistischer und externalistischer Epistemologie könnten hilfreich sein:

(a) Die Teilnehmer einer Logik-Vorlesung meinen, dass es nicht zu jedem Prädikator P eine Menge von Gegenständen gibt, die unter P fallen; sie halten ihre Meinung für wahr, und diese Meinung ist in der Tat wahr; und diese Teilnehmer haben außerdem die Mengenantinomie und ihre Begründung verstanden und führen sie als Begründung für ihre Meinung an; daher ist die Meinung der Logik-Adepten Wissen (strenger Internalismus; lassen wir die Bedingung fallen, dass die Meinung tatsächlich wahr ist, so handelt es sich um den radikalen Internalismus).

(b) Petra meint, dass jetzt eine Maus vor ihr sitzt, und vor ihr sitzt in der Tat eine Maus; außerdem sind die Sichtverhältnisse normal, Petra beherrscht eine natürliche Sprache, sie schaut auf die Maus, die vor ihr sitzt, und ihr Wahrnehmungsapparat funktioniert einwandfrei, so dass die Tatsache, dass vor ihr eine Maus sitzt, sie dazu bringt, die Meinung zu entwickeln, dass vor ihr eine Maus sitzt; daher weiß Petra, dass vor ihr eine Maus sitzt (kausale Theorie des Wissens).

(c) Petra meint, dass es schwarze Löcher gibt; sie hat diese Meinung von Stephen Hawking und ihrer Physik-Professorin übernommen, und wenn sie Meinungen von Hawking und ihrer Physik-Professorin übernimmt, dann sind diese Meinungen gewöhnlich wahr; also weiß Petra, dass es schwarze Löcher gibt (Verlässlichkeitstheorie).

(d) Petra meint, dass Aristoteles nicht einen axiomatischen epistemologischen Fundamentalismus vertreten hat, und sie kennt die *Analytica Posteriora* genau; die Aristoteles-Experten (nicht aber Petra) stimmen darin überein, dass die Kenntnis der *Analytica Posteriora* in Form von Belegen eine Menge von Gründen für diese Meinung liefert (obgleich Petra selbst diese Belege nicht als Gründe anerkennt) und schreiben Petra daher das Wissen zu, dass Aristoteles nicht einen axiomatischen epistemologischen Fundamentalismus vertreten hat; also weiß Petra auch, dass Aristoteles nicht einen axiomatischen epistemologischen Fundamentalismus vertreten hat (gemäßigter Internalismus).

Epistemologische Prinzipien und der Skeptizismus

Es gibt einige Prinzipien, von denen unser Argumentieren mit Hilfe des Wissensbegriffes geleitet zu werden scheint. Diese Prinzipien können auch als Bestandteil einer epistemischen Logik aufgefasst werden, in der die Begriffe des Wissens zu den logischen Operatoren (= logischen Funktionsausdrücken, deren Bedeutung in der Logik festgelegt wird) gehören:

> **4.200** *Grundlegende epistemische Prinzipien*
>
> (a) Wenn Person S weiß, dass p, dann gilt nicht, dass S weiß, dass nicht-p *(Widerspruchsprinzip)*.
> (b) Wenn S weiß, dass p, und wenn S weiß, dass q, dann weiß S, dass p und q *(Konjunktionsprinzip)*.
> (c) Wenn S weiß, dass p, und wenn »p« logisch »q« impliziert, dann weiß S, dass q *(starkes Abschluss-Prinzip, Prinzip der Abgeschlossenheit des Wissens unter Deduktion)*.
> (d) Wenn S weiß, dass p, und wenn S weiß, dass »p« logisch »q« impliziert, und wenn S überzeugt ist, dass »q« aufgrund ihrer Überzeugung, dass p sowie aufgrund ihrer Überzeugung, dass »p« logisch »q« impliziert, dann weiß S, dass q *(qualifiziertes Abschlussprinzip)*
> (e) Wenn e das Wissen, dass p, begründet, und wenn »p« logisch »q« impliziert, dann begründet e auch das Wissen, dass q *(Prinzip des Begründungstransfers)*.

Einige Versionen des Skeptizismus greifen auf diese epistemischen Prinzipien zurück. Der *Skeptizismus* behauptet zumindest in seiner allgemeinsten Form, dass es keinerlei Wissen gibt (4.191 (3)). Die allgemeine Begründung, mit der die Skeptizisten diese These verteidigen, lässt sich durch ein kurzes Argument verdeutlichen:

(1) Jedes Wissen erfordert Gründe, die weder beliebig noch zirkulär noch unendlich zahlreich sind.
(2) Endlich viele Gründe sind entweder beliebig (epistemologischer Fundamentalismus) oder zirkulär (epistemologischer Kohärentismus).
(3) Also gibt es kein Wissen.

Die Skeptiker weisen auch darauf hin, dass die Aussagen
(4) Was einmal Wissen ist, ist immer Wissen.
(5) Jeder einzelne Wissensanspruch kann bestritten werden (wir können nie sicher wissen, ob wir etwas wissen).
(6) Die Anwendung des Wissensbegriffs ist in vielen konkreten Situationen durchaus richtig;

zwar einzeln genommen höchst plausibel, aber zusammengenommen nicht konsistent sind. Denn nach (4) und (5) ist es unmöglich, jemals in konkreten Situationen den Wissensbegriff anzuwenden, im Widerspruch zu (6): Der Wissensbegriff als idealer Begriff scheint leer zu sein, wenn man voraussetzt, dass Begriffe nur dann angewendet werden sollten, wenn ihre Anwendung überprüfbar ist.

Und schließlich operieren die Skeptiker auch gern mit ultraskeptizistischen Szenarios, zum Beispiel mit Descartes' Vorstellung, ein böser göttlicher Dämon täusche uns in jeder Hinsicht:

(7) Wenn z. B. meine Meinung, dass ein Hund vor mir sitzt, begründet ist, dann ist auch meine Meinung, dass ich nicht in einem ultraskeptizistischen Szenario bin, begründet, in dem es mir scheint, als säße ein Hund vor mir, ohne dass ein Hund vor mir sitzt.

(8) Die Meinung, dass ich nicht in einem ultraskeptizistischen Szenario bin, in dem es mir scheint, als säße ein Hund vor mir, ohne dass ein Hund vor mir sitzt, ist niemals durch Ausschluss begründet.
(9) Also ist meine Meinung, dass ein Hund vor mir sitzt, niemals begründet (d. h. diese Meinung kann kein Wissen sein).

Dieses Argument nimmt das Abschlussprinzip in Anspruch. Ein weiteres skeptisches Argument mobilisiert die These, dass wir niemals endgültig wissen können, dass unsere Meinungen nicht falsch sind:

(10) Das Wissen, dass p der Fall ist, erfordert den Ausschluss *aller* Evidenzen (Belege) und Möglichkeiten, dass nicht-p der Fall sein könnte.
(11) Es ist endlichen Wesen jedoch unmöglich, für einen Wissensanspruch, dass p der Fall ist, *alle* Möglichkeiten und Evidenzen auszuschließen, die dafür sprechen könnten, dass nicht-p der Fall ist.
(12) Also können wir prinzipiell kein Wissen haben.

Dieses Argument wird manchmal unter Rückgriff auf den Begriff absoluter Begriffe formuliert:
»Wissen« ist, ebenso wie z. B. »Flachheit«, ein *absoluter Begriff*, d. h. es gibt in unserer Welt keine Gegenstände, die so flach sind, dass sich keine noch so winzigen Erhebungen auf ihrer Oberfläche befinden; das, was wir flach nennen, ist höchstens annäherungsweise flach. Ähnlich gibt es in unserer Welt keinen epistemischen Zustand, der ein so perfektes Wissen ist, dass alle möglichen Belege, die dagegen sprechen, ausgeschlossen sind. Wenn wir einen mentalen Zustand Wissen nennen, so könnte es sich bei diesem Zustand höchstens annäherungsweise um Wissen handeln. Aber Wissen ist eine Alles-oder-Nichts-Angelegenheit, und daher liegt überhaupt kein Wissen vor.

Epistemologischer Kontextualismus

Viele Philosophen halten den Skeptizismus heute für eine ernsthafte und starke Position, deren Widerlegung (1.23) weitreichende Anstrengungen und Überlegungen notwendig macht. Eine der interessantesten Antworten auf den Skeptizismus ist neuerdings der *epistemologische Kontextualismus,* der den Status des Wissens in bestimmter Weise von historisch und situativ variablen Kontexten abhängig macht:

> **4.201** *Epistemologischer Kontextualismus*
>
> (1) Die *Standards der Begründung,* die bestimmen, was als gute Evidenzen oder Gründe für eine Meinung zählt, sind *kontextabhängig,* d. h. sie sind je nach historischen, kulturellen (5.278 (4)) oder wissenschaftlichen Bedingungen verschieden.
> (2) Insbesondere ist auch das, was jeweils als *Fundament des Wissens* zählt, *kontextabhängig*: es gibt kein universell charakterisierbares Fundament des Wissens.
> (3) Das Wissen, dass p der Fall ist, erfordert nicht den Ausschluss *aller,* sondern nur der *relevanten* Möglichkeiten, dass nicht-p der Fall sein könnte; diese *relevanten* Möglichkeiten können meist tatsächlich ausgeschlossen werden, *aber welche Möglichkeiten relevant und irrelevant sind, ist kontextabhängig.*

Dem epistemologischen Kontextualismus zufolge ist Wissen weder eine natürliche Art (ein transkulturell oder transhistorisch einheitlicher Zustand, 2.62), noch hat Wissen ein Fundament, das sich universell kennzeichnen ließe. Meinungen, die in einem Kontext Wissen sind, können in anderen Kontexten kein Wissen sein, und umgekehrt.

Eine einflussreiche Variante des epistemologischen Kontextualismus ist die *Theorie relevanter Alternativen* (vgl. 4.201 (3)). Sie besagt, dass jeder Wissensanspruch auf p mit einer Menge möglicher Alternativen verknüpft ist, die mit p nicht vereinbar sind. Von Wissen, so scheint es, kann nur dann die Rede sein, wenn wir in der Lage sind, sämtliche dieser Alternativen zu identifizieren und auszuschließen. Lassen wir jedoch unserer Phantasie freien Lauf, so werden wir stets auf mögliche Alternativen stoßen, die sich nicht ausschließen lassen, und bekanntlich erweist sich gerade in dieser Hinsicht der Skeptizismus als besonders einfallsreich. Es stellt sich jedoch bei genauerer Betrachtung heraus, dass allein die *relevanten* Alternativen zählen, und welche das sind, hängt vom Kontext ab. Häufig lassen sich einige Alternativen geradewegs als irrelevant erklären.

Ob z. B. ein Kaufhaus wahrheitsgemäß als leer bezeichnet werden darf, hängt einfach davon ab, ob noch Waren vorhanden sind oder nicht. In diesem Kontext ist das Kaufhaus sogar absolut leer, wenn keine Waren mehr vorhanden sind; dass es dort gleichwohl noch eine Menge von Molekülen gibt, ist irrelevant. Dies wäre aber durchaus relevant, wenn wir das Kaufhaus in einem anderen Kontext als gigantische Vakuumkammer auffassen würden.

Für die Theorie relevanter Alternativen bedeutet dies: Aus der Tatsache, dass A ein absoluter Begriff ist, darf nicht geschlossen werden, es gäbe in unserer fehlerhaften Welt nichts, das im vollen Sinne A ist; die Tatsache, dass Wissen ein absoluter Begriff ist, führt daher nicht zu skeptischen Schlussfolgerungen.

Aber der epistemologische Kontextualismus ist seinerseits nicht frei von Problemen. Er widerspricht beispielsweise der starken Intuition, dass das, was einmal Wissen ist, immer Wissen ist; er kann den idealen Wissensbegriff nicht mehr unterscheiden von Bedingungen der Wissenszuschreibung, und er berücksichtigt nicht, dass es unterschiedlich gute epistemische Kontexte geben kann. Wenn wir an diesem Punkt weiterkommen wollen, müssen der Begriff eines epistemischen Kontextes und die Unterscheidung zwischen einem Begriff des idealen Wissens und den Bedingungen von Wissenszuschreibung ausdrücklich eingeführt werden. Ideales Wissen ist unabhängig von epistemischen Kontexten; Bedingungen von Wissenszuschreibung werden dagegen genau durch epistemische Kontexte definiert:

> **4.202** *Epistemischer Kontext, ideales Wissen und Bedingungen von Wissenszuschreibung*
>
> (1) Ein *epistemischer Kontext* besteht im Wesentlichen aus einer terminologisch geschärften Sprache, wissenschaftlichen Grundannahmen (z. B. einer Ontologie), epistemologischen Positionen zum Wissensbegriff, einer Logik, gegebenenfalls einer Mathematik, und aus Testregeln für Wissensansprüche.
> (2) Epistemische Kontexte *können besser oder schlechter sein* – relativ auf die Standards der basalen *universellen* Rationalität, die dem Interpretationismus zufolge schon für gelingendes Verstehen zu unterstellen ist (3.158–3.164).
> (3) Der Begriff *idealen Wissens* definiert, was perfektes Wissen sein sollte; diese Definition gilt für alle epistemischen Kontexte.
> (4) *Zuschreibungsbedingungen für Wissen* sind im Wesentlichen die Arten der Begründung von Wissensansprüchen für Wissen; diese Bedingungen gelten relativ auf bestimmte Kontexte.

Die Thesen beispielsweise, (a) dass Caesar Alesia erobert hat, und (b) dass das Universum keinen Anfang hat, sind Wissen im idealen Sinne, wenn sie wahr und immer gerechtfertigt bleiben – wenn es tatsächlich der Fall ist, dass Caesar Alesia erobert hat, und dass das Universum keinen Anfang hat, und wenn diese Aussagen in allen historischen bzw. physikalischen Theorien von heute und in der Zukunft einen logischen Sitz haben. In diesem idealen Sinne kann Wissen niemals falsch oder unbegründet sein. Denn Wissen ist definiert als wahre begründete Meinung. Ob es sich allerdings tatsächlich um Wissen in diesem idealen Sinne handelt, kann durch endliche Wesen wie Menschen niemals endgültig erwiesen werden. Die Definition des idealen Wissens und das Konstatieren von idealem Wissen fallen auseinander. Aber die Thesen (a) und (b) wurden bisher aufgestellt und zugeschrieben in bestimmten theoretischen und methodologischen historischen Kontexten des Bemühens um Erkenntnis – These (a) unter den Bedingungen der bis heute bekannten historischen Dokumente, der Einschätzung der Glaubwürdigkeit dieser Dokumente, und der textkritischen Methoden der Geschichtswissenschaft. Unter diesen Bedingungen hat (a) bis heute Bestand, aber könnte sich im Prinzip in Zukunft als falsch erweisen, wenn sich die Dokumente, ihre Einschätzung oder die historische Methodologie ändern. These (b) wurde unter Bedingungen der klassisch-antiken Physik und Astronomie aufgestellt und galt in diesem Kontext zu Recht als hervorragend gerechtfertigt. Im Rahmen der modernen Physik mit ihren veränderten Begriffen und Methoden wird (b) aber weithin für falsch gehalten. Das schließt nicht aus, dass (b) in einer künftigen physikalischen Theorie wieder als wahr und begründet angesehen werden könnte.

Ein entscheidender Punkt für die Skizze eines gemäßigten Kontextualismus, der gleichwohl dem Skeptizismus Paroli bieten kann, ist die unterschiedliche Qualität von epistemischen Kontexten (4.202 (2)). Die folgenden Beispiele erläutern diese Probleme und ihre mögliche Lösung aufgrund der Annahme besserer oder schlechterer Kontexte:

Fall A: Ein Mann und seine Frau möchten am Freitagnachmittag einen Scheck bei ihrer Bank einlösen, aber die Warteschlangen sind lang, und es ist nicht unbedingt notwendig, den Scheck noch am Freitag einzureichen. Die Ehefrau wendet nun ein, die Bank sei möglicherweise am nächsten Tag geschlossen, aber ihr Mann behauptet zu wissen, dass die Bank auch am Samstagmorgen geöffnet hat, weil er gerade erst zwei Wochen vorher am Samstag in der Bank war. Er schlägt also vor, den Scheck am nächsten Tag einzureichen.

Das gleiche Szenario liegt in Fall B vor, außer dass der Mann von seiner Ehefrau daran erinnert wird, wie wichtig es ist, den Scheck vor Montag einzureichen und dass die Öffnungszeiten von Banken gelegentlich wechseln. Obwohl der Mann genauso sicher ist wie in Fall A, dass die Bank am nächsten Tag geöffnet sein wird, bekennt er dennoch, nicht zu wissen, dass sie offen sein wird. Er beschließt daher, noch am Freitag einen Bankangestellten zu fragen.

Die Diagnose der epistemologischen Kontextualisten (im Sinne von 4.201) ist, dass der Mann in Fall A (relativ zum A-Kontext) wahrheitsgemäß behauptet, zu wissen, dass die Bank geöffnet sein wird, und in Fall B (relativ zum B-Kontext) ebenso wahrheitsgemäß behauptet, nicht zu wissen, dass die Bank offen sein wird. Und der Unterschied zwischen den beiden Kontexten soll in der Relevanz der diskutierten Handlung und in den Einwänden der Ehefrau bestehen (d. h. in den Möglichkeiten, die der Ehemann auszuschließen gebeten wird). Aber es ist klar, dass im Fall B der Kontext besser ist als im Fall A, weil im Fall B bessere und sicherere Informationen (3.127–3.128) vorliegen.

Ein historisches Beispiel kann die Unterscheidung zwischen besseren und schlechteren epistemischen Kontexten weiter erläutern:

Der antike griechische Mathematiker Bryson, ein Zeitgenosse von Aristoteles, behauptete, bewiesen (und demzufolge gewusst) zu haben, dass für jeden beliebigen Kreis k ein Quadrat von gleicher Fläche wie k existiert. Erstmals erwähnt finden wir Bryson in einer Schrift des Aristoteles. Antike und moderne Kommentatoren haben Rekonstruktionen für Brysons Beweis vorgeschlagen. Dabei haben sich zwei Lesarten herauskristallisiert: Nach der einfacheren Lesart argumentierte Bryson, dass es für jeden Kreis k sowohl ein Quadrat q gibt, das in k einbeschrieben werden kann, als auch ein Quadrat q*, das k umschreiben kann. Natürlich ist die Fläche von q kleiner als die Fläche von q*. Weil nun aber geometrische Figuren kontinuierlich sind (eine zur Zeit Brysons keineswegs triviale Prämisse), können wir q kontinuierlich zu q* anwachsen lassen, so dass irgendwo in dieser Reihe von Quadraten ein Quadrat auftauchen muss, dessen Fläche sich mit der von k deckt. Der anspruchsvolleren Lesart zufolge arbeitete Bryson mit Polygonen (= Vielecken). Er argumentierte, dass alle in einem gegebenen Kreis k einbeschriebenen Polygone flächenmäßig kleiner seien als k, und dass alle k umschreibenden Polygone flächenmäßig größer seien als k. Daher gibt es ein Polygon p, das größer als alle in k einbeschriebenen Polygone und kleiner als alle k umschreibenden Polygone ist und exakt die gleiche Fläche wie k hat. Und es ist leicht, ein Quadrat zu konstruieren, das die gleiche Fläche wie p besitzt.

Aristoteles missfällt dieser Beweis, und zwar deshalb, weil er zu allgemein ist – weil er das Theorem nicht aus den speziellen Prinzipien der Geometrie gewinnt, sondern aus allgemeineren Merkmalen kontinuierlicher Entitäten. Aristoteles' Bedenken lassen sich durch folgende, historisch plausible Überlegungen konkretisieren: (a) Geometrische Existenzannahmen müssen durch tatsächliche

Konstruktion mit Zirkel und Lineal im geometrischen Kontinuum bewiesen werden. (b) Bryson konnte einen Kreis nur dadurch quadrieren, dass er nachwies, dass das fragliche Quadrat potentiell existiert; eine aktuelle Konstruktion konnte er nicht vorweisen. (c) Der Kreis (repräsentiert durch den Zirkel) und die gerade Linie (repräsentiert durch das Lineal) sind die einfachsten und vollkommensten geometrischen Figuren. (d) Ein Gegenstand ist genau dann wissenschaftlich verstanden, wenn gezeigt werden kann, wie er sich aus seinen einfachsten Teilen zusammensetzen lässt. (e) Wissen und wissenschaftliches Erfassen eines Bereiches erfordern genaugenommen in einem ersten Schritt die Analyse (= Zerlegung) des Bereiches in seine einfachsten Teile, und in einem zweiten Schritt den Nachweis der Synthese des Bereiches aus diesen Teilen (Methode der Analyse und Synthese). Der Streit zwischen Aristoteles und Bryson war also ein Streit darüber, ob die Punkte (a)–(e) den richtigen Kontext für geometrische Beweise konstituieren. Wie wir heute wissen, ist es Aristoteles und seinen Nachfolgern gelungen, die Punkte (a)–(e) als den richtigen Kontext für geometrische und andere Beweise (1.23) sowie für wissenschaftliche Erklärungen zu etablieren, und zwar für eine sehr lange Zeit.

Diese Beispiele und Überlegungen lassen sich für die Skizze eines *moderaten epistemologischen Kontextualismus* nutzen:

4.203 *Moderater epistemologischer Kontextualismus*

(1) Satz »p« mit dem Gehalt (3.133) p ist *interpretativ wahr* genau dann wenn gilt:
  (i) »p« ist wahr.
  (ii) Für jede adäquate Übersetzung »q« von »p« gilt, dass »q« wahr ist.
  (iii) Es gilt Bivalenz (1.24 (4)).

(2) Sei K ein epistemischer Kontext, dann ist die Meinung M einer Person S *kontextuelles Wissen* relativ zu K, wenn M von S gemäß den Standards von K gerechtfertigt werden kann.
(3) Sei K ein epistemischer Kontext, dann ist die Meinung M in K *superbegründbar*, wenn M kontextuelles Wissen relativ auf K ist *und* wenn M kontextuelles Wissen relativ auf *alle* epistemischen Kontexte ist, die *besser* sind als K.
(4) Die Meinung M ist *ideales Wissen*, falls M interpretativ wahr und superbegründbar ist.
(5) Wenn eine Meinung über viele Übersetzungen und stets bessere Kontexte hinweg akzeptabel bleibt, so ist dies ein guter Grund für die Annahme, dass es sich um ideales Wissen handelt.
(6) Die Annahmen (1)–(5) vermeiden die Probleme des epistemologischen Kontextualismus (4.201) und können der skeptischen Herausforderung begegnen.

Wir haben uns bisher fast ausschließlich mit dem Überzeugungswissen (4.189 (1), 4.190) beschäftigt, und diese Form des Wissens ist auch der Schwerpunkt der modernen Epistemologie. Für spätere Zwecke soll an dieser Stelle auch das praktische Wissen (4.189 (2)) zumindest ein wenig genauer erläutert und vom technischen Wissen abgegrenzt werden. Diese Erläuterung greift allerdings auf den Regelbegriff zurück, den wir bisher nicht eingeführt haben (5.259):

4.204 *Praktisches und technisches Wissen*

(1) Person S hat das *praktische Wissen*, x zu tun,
    (i)   wenn das Tun von x darin besteht, einer Regel R angemessen zu folgen,

(ii) wenn das angemessene Befolgen von R regulär zu einem Effekt E führt,
(iii) wenn S das Faktum (ii) weiß und daher R befolgt, um E herbeizuführen,
(iv) wenn Evaluationsstandards existieren, nach denen beurteilt werden kann, ob ein Befolgen von R angemessen ist, und
(v) wenn S das angemessene Befolgen von R gelernt hat.

(2) Person S hat das *technische Wissen*, x zu tun,
 (i) wenn S das praktische Wissen hat, x zu tun, und
 (ii) wenn der Effekt E verschieden ist von einer optimierten Befolgung von R.

Dabei ist das in (1)(iii) erwähnte Wissen das propositionale Wissen, und das Lernen und Lehren, also das Tradieren der angemessenen Befolgung von Regeln, erfolgt auf der Basis von Sanktionen (5.253). Propositionales Wissen ist nach (1)(iii) Teil des praktischen und technischen Wissens. Praktisches Wissen ist aber umgekehrt auch Teil des propositionalen Wissens, weil letzteres Wissen die Befolgung methodologischer Regeln ermöglicht, die die Standards der Begründung definieren.

Fritz hat z. B. das *praktische* Wissen, Klavier zu spielen, denn: Klavierspielen besteht u. a. darin, einer Menge von Regeln zu folgen (Fingerhaltung, Handgelenkbewegungen, Fingersatz, korrektes Notenlesen, etc.), und das Befolgen dieser Regeln führt auf reguläre Weise (= auf der Grundlage von Regularitäten, 2.70) zu guten Klavierinterpretationen klassischer und moderner Stücke. Das ist Fritz klar, und daher befolgt er die Regeln für angemessenes Klavierspielen. Erfahrene Klavierlehrer verfügen über Standards zur Beurteilung des Klavierspielens von Fritz, und Fritz hat bei einigen von ihnen gelernt, praktisch angemessen Klavier zu spielen.

Petra hat z. B. das *technische* Wissen, einen Vergaser zu reparieren, denn sie hat das praktische Wissen, dies zu tun (sie kennt den Aufbau und die Funktion eines Vergasers, sie hat von erfahrenen Lehrern gelernt, welche Regeln zu befolgen sind, um einen defekten Vergaser zu reparieren, etc.), aber wenn Petra einen Vergaser erfolgreich repariert, kommt dabei nicht nur, wie im Falle des Klavierspielens, ein regelgerechtes Verhalten heraus, sondern auch ein funktionierender Vergaser.

Das Wissen von Fritz und Petra, dass das Befolgen bestimmter gelernter Regeln auf reguläre Weise zu bestimmten Folgen führt, etwa zu einem guten Klavierspiel oder zu einer erfolgreichen Reparatur (und auch das Wissen, warum dies so ist, z. B. weil ein Vergaser eine bestimmte Struktur hat), ist theoretisches Wissen. Andererseits enthält das praktische Wissen Rechtfertigungsstandards und beruht daher auch auf inferentiellem Wissen. Theoretisches und praktisches Wissen durchdringen sich gegenseitig. Zum Beispiel ist auch das Befolgen methodologischer Regeln in der Wissenschaft, das zu guten Theorien und daher zu adäquatem theoretischem Wissen führen soll, ein praktisches Wissen.

Der Schema-Inhalt-Dualismus und die kognitive Rolle des Geistes

Zum Abschluss dieses Kapitels über Epistemologie müssen wir uns noch ein einflussreiches Argument ansehen, das auf den konstruktiven Charakter unserer kognitiven Aktivitäten reagiert – unabhängig davon, ob es sich nun um Wahrnehmungen (4.183), sprachliche Strukturierungen oder komplexe empirische Theorien (4.210) handelt.

Wir haben gesehen, dass die meisten einflussreichen Wahrnehmungstheorien und Epistemologien die konstruktiven Aspekte unseres kognitiven Zugriffs auf die

Welt in der einen oder anderen Weise betonen. Konstruktiv ist dieser Zugriff den skizzierten Positionen zufolge nicht insofern, als er die Gegenstände unseres Wissens buchstäblich herstellt, sondern in dem Sinne, dass auch die höchsten Formen des Wissens die externe Welt in einer Weise repräsentieren, die zum Teil von uns abhängt – von der Art unseres Wahrnehmungsapparates und der Informationsgewinnung (3.127–3.128) aus sensorischen Reizen, sowie von unseren Vokabularen und Theorien, in deren Licht wir die externe Welt und auch die innere mentale Welt immer schon sehen. Die Unterscheidung von Wissen a priori und Wissen a posteriori (4.192) spielt in diese Überlegung hinein, weil das Wissen a priori zum Teil als begriffliches Wissen um die Bedeutungen der Ausdrücke unserer Vokabulare aufgefasst werden kann, das in vielen Fällen eine Voraussetzung und ein epistemischer Rahmen ist, in dem wir die Welt sehen. Der epistemologische Kontextualismus, den wir oben besprochen haben, ist eine weitere Variante dieses Konstruktivismus, denn er macht unser Wissen von historischen Kontexten abhängig.

Dieser konstruktive Charakter wurde lange Zeit *relativistisch* interpretiert: Die verschiedenen konstruktiven Mechanismen treten dieser Interpretation zufolge gleichsam als Verzerrungen zwischen uns und die Welt und verhindern einen unverfälschten kognitiven Zugang zur Welt. Der Geist produziert begriffliche und sensorische Schemata, mit denen er die empirisch gegebenen Inhalte strukturiert und auf diese Weise den Bezug auf die Welt herstellt. Dabei werden teils mehrere Schemata, teils nur ein Schema angenommen. Das ist der *Dualismus von Schema und Inhalt*, der eine späte Variante der alten Frage der Subjektphilosophie ist, wie denn das Subjekt zum Objekt kommen kann, wenn viele subjektive Bedingungen oder Schemata diesen Zugang zum objektiven Inhalt strukturieren.

4.205 *Dualismus von Schema und Inhalt*

(1) Alle vom menschlichen Geist produzierten sensorischen und begrifflichen Schemata strukturieren die aus der externen Welt einlaufenden Reize und machen dadurch einen Bezug unserer mentalen Repräsentationen (3.128) auf die externe Welt erst möglich.
(2) Die Schemata sind Formen, in denen wir die Welt begreifen – gleichsam Brillen, durch die wir die externe Welt notwendigerweise sehen.
(3) Durch Wissen a priori (4.192 (1)) können wir uns unserer begrifflichen Schemata zum Teil vergewissern.

Ein Teil der gegenwärtigen Kritik am Dualismus von Schema und Inhalt und an dessen Deutung der konstruktiven Rolle unseres Geistes beim kognitiven Zugriff auf die Welt weist darauf hin, dass der externalistischen Bedeutungstheorie (3.150) zufolge auf subsprachlicher wie sprachlicher Ebene auch Gehalte (3.130) und Bedeutungen von mentalen Episoden und Zeichen, und damit auch zentrale Formen begrifflichen Wissens, letztlich empirisch fundiert sind. Die Unterscheidung zwischen Wissen a priori und Wissen a posteriori (4.192) ist daher historisch relativ. Es gibt, wie bereits bemerkt (vgl. S. 54) keine universelle und strikte Unterscheidung zwischen Wissen a priori und Wissen a posteriori, und damit auch keine strikte und universelle Unterscheidung zwischen analytischen und synthetischen Sätzen. Vielmehr ist *Wissen a priori (begriffliches Wissen, 4.192 (1)) eine spezifische Form des Wissens a posteriori (des empirischen Wissens)*: Das begriffliche Wissen ist auf der elementarsten empirischen Ebene ein Wissen über allgemeine klassifikatorische Verhältnisse der beobachtbaren Welt (z. B. darüber, dass Tische Möbelstücke sind und somit »Möbelstück« ein Oberbegriff von »Tisch« ist; vgl. Aufgabe 2(h), 54(j)). Diese Form des Wissens ist in unserem Weltbild besonders tief verankert, hat sich in der Geschichte des Denkens über lange Perioden gut bewährt und wird daher in Lehr- und Lernkontexten tradiert.

Es gibt eine Reihe weiterer Einwände gegen den Dualismus speziell von *begrifflichen* Schemata und Inhalten aus dem Lager des Interpretationismus (3.158–3.164):

(1) Dieser Dualismus hält den Gedanken für sinnvoll, dass der Geist sich im Prinzip ohne Verfälschung, also unabhängig von sprachlicher Klassifizierung, mit der Realität auseinandersetzen kann, dass er jedes Begriffsschema (auch sein eigenes) abstreifen und die Realität dann gleichsam direkt betrachten kann – dass also ein gegenüber allen Schemata neutraler Gottesstandpunkt (vor 1.8, 2.50 (4)) eine kohärente und epistemologisch sogar ideale Vorstellung ist. Idealerweise sollten auch wir Menschen durch das Auge Gottes schauen können. Aber das ist absurd. Hinter dieser absurden These steht unter anderem die falsche Auffassung, dass sich das Mentale und die Sprache trennen lassen.

(2) Die Vorstellung, dass Begriffsschemata (als Mengen ineinander übersetzbarer Sprachen, 2.52; Passage nach 4.205) die Realität, die Welt, die empirische Erfahrung (4.183 (6)) oder die Sinnesreize ordnen, strukturieren und systematisieren, und dass Begriffsschemata zur Realität, zur Welt, zur empirischen Erfahrung oder zu Sinnesreizen passen, lässt sich nicht wirklich verständlich machen. Denn dasjenige, was da geordnet oder strukturiert werden soll, lässt sich entweder überhaupt nicht fassen und identifizieren, oder es lässt sich nur in einer gemeisterten natürlichen Sprache fassen und identifizieren. Diese Alternative ist für die Vorstellung des Ord-

nens nicht hilfreich. Denn entweder können wir nicht einmal sprachlich fassen, was da geordnet wird, oder wir setzen in zirkulärer Weise das Vorkommen von begrifflichen Schemata bereits voraus. Die These des Passens dagegen versucht zu sagen, dass die Realität der empirischen Erfahrung das einzige Belegmaterial für die Akzeptanz von Sätzen ist. Hier ist der Aspekt der Wahrheit im Spiel. Dass Sätze der empirischen Erfahrung oder Realität entsprechen (Korrespondenzbeziehung, 1.7 (1)), heißt gerade, dass sie wahr sind. Allerdings ist es nicht die empirische Erfahrung oder eine Menge von Sinnesreizen, die den Satz »p« wahr machen – sondern die Tatsache, dass p der Fall ist. Oder besser, um den problematischen Tatsachenbegriff zu vermeiden, der Satz »p« ist wahr genau dann und wenn p (vgl. vor 3.145). Begriffsschemata passen zur Realität in dem Sinne, dass sie wahr sind im Sinne der T-Äquivalenzen (3.147). Die These, dass Begriffsschemata semantisch inkommensurabel, also ineinander nicht übersetzbar sind, verschärft sich damit zu der These, dass sie unübersetzbar und zugleich wahr sein können, und das wird von den Begriffsrelativisten in der Tat auch behauptet. Diese These ist ihrerseits aber dann unsinnig, wenn die Wahrheit eines Satzes begrifflich an seine Übersetzbarkeit in eine gemeisterte Sprache gekoppelt ist. Genau diese Koppelung wird offenbar mit der T-Äquivalenz vorgenommen, denn diese Äquivalenz fordert gerade, dass die Wahrheit eines objektsprachlichen Satzes an die Behauptung seiner Übersetzbarkeit in eine der Sprecherin bekannte Metasprache gebunden ist. Also ist die Vorstellung, dass Begriffsschemata auf eine unabhängige Realität passen, unsinnig.

(3) Die Begriffsrelativisten gehen von mehreren Schemata aus, Immanuel Kant und die Empiristen nur

von einem Schema. Aber die Begriffsrelativisten reden über die verschiedenen Schemata offenbar *in* einer bestimmten Sprache, und sie erläutern uns die Verschiedenheit der Schemata so, dass wir sie verstehen können. Im Rahmen des Relativismus ist das eine Paradoxie; tatsächlich müssen wir mit Davidson sagen, dass der Relativismus seine *interne* Grenze in der Möglichkeit findet, verschiedene Begriffsschemata in einer Sprache zu erläutern, die wir gemeinsam meistern. Eine analoge Überlegung kommt ins Spiel, wenn zwar nur von einem Schema die Rede ist, wenn aber zugleich dieses Schema als eine unter mehreren gleichwertigen aber inkommensurablen (= nicht vergleichbaren) denkbaren Perspektiven begriffen wird – wenn also auch der *einfache* Schema-Inhalt-Dualismus als Perspektivismus begriffen wird.

(4) Begriffsschemata sind Mengen von Sprachen, die ineinander übersetzbar sind, und daher sind Übersetzungskriterien entscheidend für die Identitätskriterien von Begriffsschemata. Die zentrale Frage ist dann, ob es unübersetzbare Begriffsschemata gibt. Die Antwort ist negativ. Der entscheidende Gedanke ist, dass eine Aktivität, die sich nicht in der uns geläufigen Sprache, also in der natürlichen Sprache, die wir zu meistern gelernt haben, interpretieren und verstehen lässt, weder ein Sprachverhalten, noch ein gehaltvoller mentaler Zustand (3.158 (1)(b)), noch eine Handlung (5.230) sein kann. Jeder Beleg, der dafür spricht, dass sich eine Aktivität von uns grundsätzlich auch nach größtem Bemühen nicht verstehen lässt, ist auch ein Beleg dafür, dass es sich bei dieser Aktivität nicht um Sprachverhalten oder Handlungen oder mentale Zustände (3.104) mit Gehalt (3.130) handelt. Sofern wir daher überhaupt sagen, denken und entscheiden können,

dass eine Aktivität das Verfügen über ein Begriffsschema aktualisiert, müssen wir diese Aktivität bereits ein Stück weit in unsere Sprache übersetzen können. Natürlich kann es faktisch ernste lokale Interpretationsprobleme geben, aber diese Probleme sind überhaupt nur identifizierbar auf der Basis von Übersetzbarkeit in weiten Teilen der involvierten Begriffsschemata (ähnlich verhält es sich mit der Asymmetrie von Wahrheit und Falschheit, Punkte (1)–(5) vor 3.160). Auch hier können wir jedoch der prinzipiellen Unübersetzbarkeit keinen Sinn abgewinnen. Natürlich kann man auch faktische begriffliche Relativität in einem harmlosen Sinne zugeben. Die Innuit haben angeblich zehn verschiedene Ausdrücke für zehn verschiedene Nuancen von Weiß, im Gegensatz zu Mitteleuropäern, und sie betrachten daher z. B. in dieser Hinsicht die Welt anders als die Mitteleuropäer. Aber könnten wir diesen Unterschied in unserer Sprache nicht einmal behaupten und beschreiben, wäre es prinzipiell unmöglich, diese Weißtöne über Lernprozesse in unsere Sprache zu übersetzen.

Diese epistemologischen Überlegungen entwerfen ein neues Bild von der kognitiven Rolle des Geistes. Sie entreißen den Wahrnehmungsmechanismen, dem Geist, der Sprache und den Theorien die *Mittlerrolle,* die ihnen die ältere Subjektphilosophie (zu der auch viele Varianten des Empirismus (4.187) zählen) seit langer Zeit zuspricht. Die Idee einer *brillenartigen Vermittlung* unseres sensorischen und begrifflichen Kontaktes mit der Welt durch den Geist oder die Idee einer Vermittlung zwischen Objekt und Subjekt durch Konstruktionen des Geistes, soll ad absurdum geführt werden:

4.206 *Ein neues Bild von der kognitiven und epistemischen Rolle des Geistes*

(1) Alle subsprachlichen und sprachlichen Konstruktionen von der Welt, die unser Geist vornimmt, entwerfen über eine evolutionär (2.94) oder kulturell (5.278 (4)) eingebettete kausale Interaktion *Perspektiven* (einschließlich spezifischer Reaktionsweisen) auf die Welt, die für eine Entstehung des Bildes von der einen objektiven Welt eine notwendige Voraussetzung sind.

(2) Erst aus der *vielfältigen Abgleichung dieser Perspektiven,* wie sie dann vor allem durch sprachliche Beschreibungen der Welt, aber zum Beispiel auch durch Vergleich von aktuellen und im Gedächtnis gespeicherten Wahrnehmungen möglich wird, können wir ein Bild von der einen objektiven Welt gewinnen.

Die Perspektivität (3.167 (2)(b), 3.168 (d)) und die vielfältigen Schemata des Geistes sind diesem Bild zufolge nicht eine Verfälschung oder brillenartige Vermittlung unseres Zugriffs auf die Welt, sondern *notwendige Bedingungen* (1.12) *der Objektivität unseres Weltwissens.* Dieses Bild kommt ohne die Konzeption eines kognitiven Gottesstandpunktes aus und definiert eine Grenze für den kognitiven Relativismus, der mit dem Schema-Inhalt-Dualismus ein falsches Bild von unserem kognitiven und epistemischen Zugriff auf die Welt vertritt.

13. Allgemeine Wissenschaftstheorie

Die Idee der Wissenschaft

Allgemeines Ziel der Wissenschaften ist es, Wissen zu produzieren – also, klassisch formuliert, wahre begründete Meinungen (4.190 (3)). Allerdings geht es in den Wissenschaften insbesondere um das *wissenschaftliche* Wissen, das auf eine spezifische Weise gewonnen werden soll.

Die Wissenschaft will gewöhnlich nicht nur Tatsachen feststellen, sondern sucht auch nach den *Ursachen* (2.74–2.77) und damit nach *Erklärungen* festgestellter Tatsachen; und sie befasst sich nicht nur mit *einzelnen* Tatsachen und Ursachen, sondern auch mit *allgemeinen Strukturen* von Klassen von Tatsachen und mit *allgemeinen Beziehungen* zwischen Klassen von Tatsachen. Auf diese Weise gewinnt die Wissenschaft auch *Tiefe* – in dem Sinne, dass sie versucht, Wissen über *nicht-wahrnehmbare Bereiche der Welt* zu gewinnen. Das wissenschaftlich etablierte Wissen soll außerdem nicht nur in Form einzelner Behauptungen, sondern in Form *mehrerer logisch zusammenhängender Aussagen* präsentiert werden, die einen größeren Gegenstandsbereich *systematisieren* können. Zugleich soll damit die *Vielfältigkeit* des Gegenstandsbereiches soweit wie möglich *reduziert*, also auf elementarere und einfachere Faktoren zurückgeführt werden. Wenn all diese Bedingungen erfüllt sind, spricht man davon, dass das wissenschaftliche Wissen in Form einer *wissenschaftlichen Theorie* dargestellt wird.

Einer dieser zentralen Aspekte des wissenschaftlichen Wissens, nämlich *die Form wissenschaftlicher Erklärungen*, ist zum Teil bereits in Band 2 dieses Grundkurses behandelt worden. Dort ging es um die Formen nomologischer Erklärungen (2.88–2.92) und funktionaler Erklärungen (2.97–2.99), die nach 2.101 zugleich wichtige Formen naturwissenschaftlicher Erklärungen sind. Wir können daher in diesem Kapitel auf eine erneute Diskussion dieses Themas verzichten. Ein dritter Typ von Erklärungen, die Handlungserklärungen, sowie interessante komplexe Mischungen aus funktionalen Erklärungen und Handlungserklärungen, wie sie in den Sozialwissenschaften zum Teil verwendet werden, kommen dagegen erst in Band 5 zur Sprache (5.230–5.235, 5.287–5.290).

Die zentrale Idee der Wissenschaft bezieht sich nicht nur auf die *Form* wissenschaftlichen Wissens, sondern auch auf das *Verfahren* und die *Methode* der Wissenschaft: Wissenschaftliche Aktivität sollte *kritisch, intersubjektiv* und *sachverständig* sein. Wissensansprüche sollten in der Wissenschaft weder dogmatisch abgesichert noch an einen sozialen Status (5.275) gebunden sein, und sie sollten auch nicht ohne Sachkenntnis und Ausbildung formuliert werden. Dadurch soll die Suche nach wissenschaftlichem Wissen und wissenschaftlichen Theorien in eine positive Dynamik ständiger Verbesserung überführt werden. Daher müssen auch die wissenschaftlichen Theorien in einer *Form* präsentiert werden, die *eine Kritik prinzipiell zulässt*: die Form wissenschaftlicher Theorien muss deutlich werden lassen, unter welchen Bedingungen die Theorien akzeptabel oder inakzeptabel sind.

4.207 *Wissenschaftliches Wissen* und *wissenschaftliche Theorien*

Wissenschaftliches Wissen besteht aus wahren, begründeten Meinungen. Ihre Begründungen erfüllen folgende Bedingungen:
(1) Die wahren Meinungen und ihre Begründungen decken nicht nur Tatsachen, sondern auch Ursachen von Tatsachen (2.74–2.77) auf.

> (2) Sie beziehen sich nicht nur auf singuläre, sondern auch auf allgemeine Tatsachen.
> (3) Sie richten sich nicht nur auf wahrnehmbare, sondern auch auf nicht-wahrnehmbare Gegenstandsbereiche.
> (4) Sie werden in logisch geordneter Form präsentiert.
> (5) Sie sind intersubjektiv überprüfbar und kontrollierbar – und damit prinzipiell kritisierbar und verbesserungsfähig.
> (6) Sie bilden nach (1)–(5) eine *wissenschaftliche Theorie*.

Die *Wissenschaftstheorie* arbeitet diese Ideen zur Struktur und Dynamik wissenschaftlicher Theorien genauer aus, vor allem anhand einer Analyse erfolgreicher wissenschaftlicher Theorien in den verschiedenen einzelnen Wissenschaften. Dabei geht man von einer grundlegenden Unterscheidung aus – der Unterscheidung zwischen *Formalwissenschaften* (wie Logik oder Mathematik) und *empirischen Wissenschaften* (wie Physik, Psychologie oder Soziologie):

> **4.208** *Formalwissenschaften und empirische Wissenschaften*
>
> (1) *Formalwissenschaften* untersuchen allgemeine logische oder mathematische Strukturen, die nicht wahrnehmbar sind, und versuchen ihre Behauptungen zu beweisen (1.23 (1)).
> (2) *Empirische Wissenschaften* untersuchen die physische, geistige oder soziale Welt, deren singuläre Tatsachen meist wahrnehmbar sind, und können ihre Behauptungen allenfalls bestätigen oder widerlegen (1.23 (2)–(3)).

Formalwissenschaften werden meist als Ausdruck apriorischen Wissens angesehen, das in analytischen Sätzen formuliert wird. Empirische Wissenschaften gelten hingegen gewöhnlich als Ausdruck aposteriorischen Wissens, das in synthetischen Sätzen formuliert wird (1.20, 4.192). In diesem Kapitel soll es nicht um die Formalwissenschaften, sondern um die Theorie der empirischen Wissenschaften gehen. Wenn im Folgenden von wissenschaftlichen Theorien die Rede ist, dann sind stets empirische Theorien gemeint. Die *Wissenschaftstheorie* als philosophische Theorie empirischer Wissenschaften war in ihrer klassischen Form primär an *naturwissenschaftlichen* Beispielen orientiert, z. B. an der ptolemäischen Astronomie, der Mechanik Newtons oder der Relativitätstheorie (2.85). Der Grund für diese Orientierung war, dass die historisch so erfolgreichen Naturwissenschaften und ihre Methoden als vorbildlich für *alle* Wissenschaften angesehen wurden, und darum vertrat man in der klassischen Wissenschaftstheorie einen *methodologischen Monismus* (= *Szientismus*, 5.282), der empfiehlt, alle empirischen Wissenschaften (4.208 (2)) methodisch an den Verfahren der Naturwissenschaften auszurichten.

Die klassische Wissenschaftstheorie betont, dass viele wissenschaftliche Theorien (4.207, 4.211) – auch in den empirischen Wissenschaften – nicht über die reale Welt selbst in ihrer hohen Komplexität, sondern über *Modelle* der realen Welt reden. Allerdings ist der Begriff des Modells ambivalent. Daher empfiehlt es sich, die wichtigsten Arten von Modellen zu unterscheiden.

In Band 1 haben wir bereits den Begriff *semantischer Modelle* kennen gelernt (1.41(2)), also von Mengen von Gegenständen, die bestimmte Sätze wahr machen. So sind beispielsweise ganze Zahlen mit Addition und Multiplikation semantische Modelle für die Theorie mathematischer Gruppen. Bereiche des physikalischen Universums sind semantische Modelle für alle physikalischen Theorien über diese Bereiche. In einem ganz anderen Sinne gelten Zinnsoldaten und Zinnpanzer im Sandkasten als Modell für Soldaten und Panzer auf dem Schlachtfeld. Im selben Sinne bauen sich Chemiker aus kleinen Kugeln und Drähten Modelle für Moleküle, steht Bohrs Planetenmodell für den Aufbau der Atome und ist ein Wasserleitungssystem ein Modell für den elektrischen Stromkreislauf. Diese Modelle sollen die wesentliche *Struktur* ihrer Urbilder darstellen und werden deshalb oft zu heuristischen Zwecken verwendet. Schließlich redet man zuweilen auch davon, dass Theorien Modelle für andere Theorien sein können – dann nämlich, wenn die Modelltheorien vorteilhaft in anderen Theorien *verwendet* werden können. In diesem Sinne ist etwa die nicht-euklidische Geometrie Riemanns ein *theoretisches* Modell für die Relativitätstheorie (2.85). Am wichtigsten sind in den empirischen Wissenschaften (4.208 (2)) jedoch die *abstrakten* und *idealisierten* Modelle. Nehmen wir an, eine Theorie betrachtet die Phänomene P als ihren Gegenstandsbereich – P sei etwa der Bereich aller mechanisch interagierender Körper. Meist wird die Theorie den Bereich P nicht in seiner vollen Komplexität analysieren können; vielmehr wählt sie eine kleine Anzahl der für sie wichtigen Parameter P_i (= Eigenschaften und Beziehungen) der Gegenstände in P aus und geht dann von der Annahme A aus, *dass die Phänomene in P nur von den ausgewählten Parametern P_i abhängig sind* (z. B. von Raum, Zeit, Geschwindigkeit, Kraft). In diesem Fall *abstrahiert* die Theorie von allen anderen Parametern in P. Die Beschreibung von Bereich P unter der Annahme A heißt dann *abstraktes Modell* von P. Und wenn die Theorie die Gegenstände oder ihre Eigenschaften und Beziehungen *idealisiert,* z. B. indem sie von Massepunkten spricht, die in der Realität nicht vorkommen, aber einen idealen Grenzbegriff für ausgedehnte Körper mit Masse bezeichnen, dann ist die Beschreibung von P unter dieser Idealisierung ein *idealisiertes Modell* von P. So ist z. B.

auch die Beschreibung und Theorie der idealen Gase ein idealisiertes Modell für Gase, u. a. weil idealisiert vorausgesetzt wird, dass Gasmoleküle in Behältern nur senkrecht auf die Behälterwände prallen. Selbstverständlich kann es auch Modelle geben, die zugleich abstrakt und idealisiert sind. Schematisch können wir diese Unterscheidungen so zusammenfassen:

4.209 *Modelle*

Seien G_1, G_2 Gegenstandsarten, S_1, S_2 Satzsysteme, und bedeute M (x, y), dass x Modell für y ist; dann lassen sich folgende *Formen von Modellen* unterscheiden:
(i) M (G_1, G_2): G_1 ist *strukturelles Modell* für G_2
(ii) M (S_1, G_1): S_1 ist *abstraktes oder idealisiertes Modell* für G_1
(iii) M (G_1, S_1): G_1 ist *semantisches Modell* für S_1
(iv) M (S_1, S_2): S_1 ist *theoretisches Modell* für S_2

Im Falle struktureller Modelle sind also Gegenstände Modelle für andere Gegenstände; im Falle idealisierter Modelle sind Sätze Modelle für Gegenstände; im Falle semantischer Modelle sind Gegenstände Modelle für Sätze; und im Falle theoretischer Modelle sind Sätze Modelle für andere Sätze.

Wenn Wissensformen und wissenschaftliche Theorien die in 4.207 skizzierten Bedingungen erfüllen sollen, dann muss geklärt werden,
(a) nach welchen Kriterien sich wissenschaftlich produziertes Wissen von anderen Formen der Orientierung in der Welt *abgrenzen* lässt,
(b) was es genauer heißt, dass wissenschaftliche Theorien als *bestätigt* oder *widerlegt* angesehen werden müssen,

(c) und unter welchen Umständen wissenschaftliche Theorien *akzeptiert* oder *verworfen* werden sollten.

Eines der wichtigsten Ziele der klassischen Wissenschaftstheorie ist es daher, angemessene Kriterien für Abgrenzbarkeit, Bestätigung bzw. Widerlegung (1.23) und Akzeptanz bzw. Verwerfung wissenschaftlicher Theorien zu entwickeln.

Abgrenzbarkeit wissenschaftlicher Theorien

Die allgemeine Idee einer Abgrenzung empirischer wissenschaftlicher Theorien von anderen Orientierungen in der Welt ergibt sich einerseits aus 4.207 und 4.208 und andererseits aus dem allgemeinen Empirismus (4.187) und der allgemeinen Zuverlässigkeit von Wahrnehmungen und Beobachtungen (1.20 (1)): Empirische wissenschaftliche Theorien (4.208 (2)) müssen sich anhand von Wahrnehmungen (4.183) und Beobachtungen der physischen, geistigen oder sozialen Welt überprüfen lassen:

> **4.210** *Empirische wissenschaftliche Theorien*
>
> Eine *empirische wissenschaftliche Theorie* ist eine wissenschaftliche Theorie im Sinne von 4.207, die
> (a) allgemeine Regularitäten oder Naturgesetze beschreibt,
> (b) anhand von beobachtbaren Tatsachen bestätigt oder widerlegt werden kann.

Viele Behauptungen kommen in wissenschaftlichem Gewand daher und erfüllen dennoch nicht die Bedingung (b) in 4.210.

Die These »Der Zustand Z des Nervensystems und Gehirns eines Organismus zu einer bestimmten Zeit t bestimmt das Verhalten des Organismus zu einem Zeitpunkt t* später als t« ist beispielsweise für die meisten Organismen mit Nervensystemen und Gehirnen wahrscheinlich wahr. Aber diese These ist so vage und allgemein, dass sie nicht überprüfbar oder kritisierbar ist. Denn sie ist mit nahezu jedem Beobachtungsdatum vereinbar: Zweifellos wird jedes Verhalten eines Organismus durch Zustände seines Nervensystems und Gehirns bestimmt, und zweifellos sind gegebene Zustände seines Nervensystems und Gehirns durch frühere Zustände seines Nervensystems und Gehirns bestimmt, so dass jedes Verhalten des Organismus die These bestätigt. Wir können uns also gar kein mögliches Faktum auch nur denken, das die These widerlegen würde. In diesem Sinne erfüllt die These *nicht* das Abgrenzungskriterium (4.211) für wissenschaftliche Theorien und Hypothesen.

Oder betrachten wir die These »Massen ziehen sich gegenseitig an aufgrund einer allen Massen innewohnenden Disposition, andere Massen nach Möglichkeit zu zerstören«. Es gibt keine möglichen Tests, die entscheiden könnten, ob die empirisch feststellbare wechselseitige Massenanziehung zusätzlich von einer Aktualisierung der genannten Disposition ausgelöst wird.

Oder wenn wir sagen würden: »Unerträgliche Erlebnisse in unserer Vergangenheit führen zu regelmäßigen Angstträumen, und wenn dieser Effekt nicht eintritt, wurden diese Erlebnisse erfolgreich verdrängt«, dann wären sowohl spätere Angstträume als auch das Ausbleiben von Angstträumen vereinbar mit unserer Hypothese. Dieses Beispiel liegt bereits nahe an der bekannten Prognose »Wenn der Hahn kräht auf dem Mist, ändert sich das Wetter oder es bleibt, wie es ist«, die zweifellos wahr, aber schon aus logischen Gründen unwiderlegbar ist (kein mögliches Datum könnte ihr widersprechen).

Diese und viele andere Beispiele machen es erforderlich, ein klares *Abgrenzungskriterium* für (empirische) wissenschaftliche Theorien zu formulieren. Dabei wird die Idee der *Überprüfung* von Theorien anhand von Beobachtungsaussagen dadurch präzisiert, dass es sich um eine *logische Deduktion* von Beobachtungsaussagen aus den Theoremen (Behauptungen, Hypothesen) der Theorien handelt – und zwar von Beobachtungsaussagen, deren Wahrheitswert (1.6) ohne Probleme festgestellt werden kann.

In den folgenden Erläuterungen 4.211–4.216 wird die Idee, Theorien anhand von beobachtbaren Tatsachen zu prüfen (4.210 (b)), auf der *linguistischen, logischen* Ebene reformuliert – und zwar so, dass Theorien mittels der *Deduktion* von *Sätzen*, die beobachtbare Tatsachen oder mögliche beobachtbare Sachverhalte *beschreiben,* geprüft (bestätigt oder widerlegt) werden sollten. Beide Redeweisen sind der Sache nach gleichwertig, aber die linguistische Formulierung erleichtert die logische Analyse wissenschaftlicher Theorien und wird daher in der Wissenschaftstheorie gewöhnlich bevorzugt:

4.211 *Abgrenzungskriterium für wissenschaftliche Theorien (= Wissenschaftskriterium für Theorien)*

(1) Eine (empirische) Theorie ist *abgrenzbar* von anderen Orientierungen über die Welt, wenn aus ihr entscheidbare Beobachtungsaussagen logisch deduziert werden können.
(2) Abgrenzbare Theorien sind *wissenschaftlich* und *falsifizierbar* (= widerlegbar, 1.23).

Wegen 4.211 (2) heißt das Abgrenzungskriterium auch *Kriterium der Wissenschaftlichkeit* oder *Falsifikationskriterium.* Das Abgrenzungskriterium soll im Umriss bestimmen, *was es für eine empirische Theorie heißt, wissenschaftlich zu sein.* Die Wissenschaftlichkeit hat aber nichts mit der Wahrheit oder Falschheit der Theorien zu tun, sondern einzig mit ihrer Kritisierbarkeit und Prüfbarkeit. Falsche Theorien können durchaus wissenschaftlich im Sinne von 4.211 sein! Daher dürfen wir den Begriff der Falsifizierbarkeit nicht missverstehen. Damit ist nicht gemeint, dass jede wissenschaftliche (und als solche abgrenzbare) Theorie als falsch erwiesen werden kann – das wäre offenbar eine absurde Forderung. Vielmehr ist damit gemeint, dass wissenschaftliche Theorien nicht so allgemein oder vage formuliert sein dürfen, dass es keinerlei *mögliche* Beobachtungsdaten geben kann, an denen sie eventuell scheitern könnten. Kurz, Falsifizierbarkeit heißt, dass die *möglichen* Bedingungen des Scheiterns von Theorien *präzise aus den Behauptungen der Theorien selbst hervorgehen müssen.* Die Newton-Mechanik macht z. B. Prognosen über die räumliche Position PM des Mondes z. B. am 1. 1. 2345 um genau 10 Uhr. Dann wäre *jede* Feststellung der Position des Mondes am 1. 1. 2345, die von PM abweicht, eine Widerlegung (1.23) der Prognose und damit der Theorie, aus der sie folgt. Wir können uns also zahllose Testergebnisse zumindest *denken*, an denen die Theorie scheitern könnte, etwa *alle* Messungen der Position des Mondes am 1. 1. 2345, die von PM abweichen. Und nur *ein* Beobachtungsdatum würde die Theorie bestätigen: die Messung der Position des Mondes am 1. 1. 2345, die genau PM ergibt.

Wie müssen Theorien in den empirischen Wissenschaften (4.208 (2)) nun aufgebaut sein, damit sie – anhand von Beobachtungsaussagen – streng kontrolliert und geprüft werden können und somit abgrenzbar (wissenschaftlich, falsifizierbar) im Sinne von 4.211 sind? Diese Frage ist keineswegs trivial. Denn wissenschaftliche Theorien enthalten unbeschränkte Allsätze und richten sich oft auf nicht-beobachtbare Gegenstandsbereiche. Damit transzendieren sie den Bereich empirischer Beobachtung (1.20 (1), 4.207, 4.210). Wie soll es aber möglich sein, solche Behauptungen anhand von Beobachtungssätzen (4.188 (4), 4.214) zu prüfen? Die Gegenstandsbereiche der zu überprüfenden Aussagen und der prüfenden Aussagen scheinen ja auseinander zu fallen. Und daher scheint es schwierig zu sein, Beobachtungsaussagen aus Aussagen über nicht-wahrnehmbare Bereiche logisch zu deduzieren. Das ist das *Grundproblem* im Aufbau wissenschaftlicher Theorien.

Dieses Grundproblem macht es erforderlich, den logischen Zusammenhang zwischen den universellen Aussagen wissenschaftlicher Theorien und den Beobachtungssätzen genau zu analysieren. Dafür sind in der klassischen Wissenschaftstheorie verschiedene Modelle vorgeschlagen worden, die fast alle davon ausgehen, dass man das *theoretische Vokabular* und das *empirische Vokabular* einer Theorie voneinander unterscheiden kann: Das empirische Vokabular besteht aus den Begriffen, die in Beobachtungssätzen verwendet werden und auf beobachtbare Gegenstände angewendet werden können; das theoretische Vokabular besteht dagegen aus denjenigen Begriffen, mit denen eine wissenschaftliche Theorie (4.207, 4.211) einen nicht-beobachtbaren Gegenstandsbereich zu beschreiben und zu erklären sucht. Eine einfache Idee ist zu sagen: Ein Satz, der sowohl theoretische als auch empirische Begriffe enthält, ist eine *Zuordnungsregel*, mit deren Hilfe wissenschaftliche Theorien einen logischen Zusammenhang zwischen theoretischen und empirischen Aussagen einer Theorie herstellen können. Die verschiedenen Modelle der Standardinterpretation des Theorienaufbaus sind wesentlich dadurch bestimmt, wie sie Form und Status der Zuordnungsregeln beschreiben. Der Regelbegriff, der in dieser Standardtheorie gewöhnlich verwendet wird, ist allerdings ein wenig missverständlich: Es handelt sich nicht um echte vorschreibende Regeln, sondern um *deskriptive* Sätze, die aber wissenschaftstheoretisch auch als Vorschläge verstanden werden können, auf welche Weise einzelne empirische und theoretische Begriffe aufeinander bezogen werden *sollten*.

Die restriktivste Variante eines solchen Modells geht vom Begriff *expliziter Definitionen* aus. Explizite Definitionen eines *Definiendum* »D« (= eines zu definierenden Ausdrucks) durch ein *Definiens* »DN« (= eines definierenden Ausdrucks) haben die Form der Äquivalenz »D ≡ DN« (1.32); oft werden sie auch durch die Formel »D: = DN« ausgedrückt. Wenn man eine solche Äquivalenz rechtfertigen kann, lässt sich jedes Vorkommnis von »D« durch ein Vorkommnis von »DN« ersetzen und umgekehrt. Die restriktivste Variante schlägt vor, die Zuordnungsregeln als explizite Definitionen von theoretischen Begriffen durch empirische Begriffe aufzufassen und auf diese Weise die theoretischen Begriffe einfach durch geeignete empirische Begriffe zu ersetzen. Durch dieses Manöver werden also alle theoretischen Begriffe entbehrlich, und wir erhalten in den Wissenschaften eine rein empirische Sprache:

4.212 *Empiristische Standardinterpretation des Theorienaufbaus*

(1) Die wissenschaftliche Sprache ist formuliert in der Prädikatenlogik erster Stufe mit Identität (d. h. mit Gleichheitszeichen als logischem Funktionsausdruck).
(2) Die nicht-logische und nicht-mathematische wissenschaftliche Sprache zerfällt in zwei disjunktive (= strikt getrennte) Klassen:
   (a) das *Beobachtungsvokabular* V_o: die Klasse aller *empirischen* Begriffe, die sich auf konkrete Gegenstände (2.43 (2)) beziehen,

(b) das *theoretische* Vokabular V_t: die Klasse aller *theoretischen* Begriffe, die sich auf abstrakte oder nicht-wahrnehmbare Gegenstände beziehen (2.43 (2), Passage vor 3.162).
(3) Die Begriffe aus V_o beziehen sich auf *direkt beobachtbare* Gegenstände oder direkt beobachtbare Eigenschaften von oder Beziehungen zwischen solchen Gegenständen.
(4) Es gibt eine Menge T_p theoretischer Aussagen, deren einzige nicht-logische und nicht-mathematische Begriffe aus V_t sind.
(5) Zu jedem Begriff B aus V_t gibt es eine *explizite* Definition (Z-Regel) der Form $\forall x\ (F(x) \equiv B(x))$ derart, dass der Ausdruck »B(x)« nur Begriffe aus V_o enthält.
(6) Ist Z die Menge der nach (5) zulässigen Z-Regeln, so besteht die Theorie T aus T_p und Z.

In der dürren Bestimmung 4.212 ist mehr enthalten, als man auf den ersten Blick vermuten würde. Beispielsweise legt die Bestimmung (1) die Wissenschaft auf einen strikten Nominalismus (2.46, 2.47) fest, denn in der Prädikatenlogik erster Stufe darf nicht über Mengen oder Prädikatoren quantifiziert (1.28) werden, d.h. es dürfen keine Existenzannahmen über Strukturen, Eigenschaften oder Beziehungen gemacht werden.

Der Vorschlag 4.212 ist vielfach als eine übermäßige Einengung empfunden worden, weil er viele Aussagen, die gewöhnlich als wissenschaftlich gelten, aus der Wissenschaft eliminieren würde, beispielsweise Aussagen über Quarks oder über Emotionen, die sich bislang nicht in rein empirischen Begriffen explizit definieren lassen. Es gibt daher auch weniger strikte Vorschläge zu einem Aufbau wissenschaftlicher Theorien, der die empirische Überprüfbarkeit gewährleisten kann. Diese

Vorschläge beruhen auf einer weicheren Vorstellung von Zuordnungsregeln in Form von Interpretationssystemen:

4.213 *Interpretationssystem*

Sei T eine Theorie, und seien T_p, V_t und V_o wie in 4.212 festgelegt; dann heißt eine Aussagenmenge Z *Interpretationssystem* (1.41 (2)(ii)) für T_p mit der Basis V_o oder auch *partielle Interpretation* der Begriffe aus V_t, falls gilt:

(i) Z ist endlich.
(ii) Z ist logisch vereinbar mit T_p.
(iii) Jeder Begriff aus Z, der weder logisch noch mathematisch ist, gehört zu V_o oder V_t.
(iv) Jeder Satz aus Z enthält mindestens einen Begriff aus V_o und einen Begriff aus V_t wesentlich (d. h. zumindest ein V_o- bzw. ein V_t-Begriff kann nicht durch Paraphrasierung ersetzt werden).

Die Aufweichung gegenüber 4.212 kommt in 4.213 vor allem in Punkt (iv) zur Geltung; denn nach 4.213 (iv) bleibt der genauere logische Bezug von empirischen und theoretischen Begriffen in Zuordnungsregeln offen, so dass in 4.213 eine *vollständige* Ersetzung theoretischer durch empirische Begriffe in Form von expliziten Definitionen nicht gefordert wird (vgl. im Unterschied dazu das Verfahren der Bildung eines Ramsey-Satzes, 3.111).

Einige Beispiele können die Bestimmungen in 4.212 und 4.213 erläutern:

(1) *Dispositionsprädikatoren* (zum Begriff der Disposition: 3.108 (1)) wie »wasserlöslich«, »intelligent« oder »demokratisch« lassen sich nicht empirisch (= nicht allein mit Hilfe von Beobachtung, Wahrnehmung

oder ihrer Speicherung im Gedächtnis) auf Gegenstände anwenden; sie sind daher keine empirischen Begriffe, sondern können als theoretische Begriffe angesehen werden. Dennoch lassen sie sich mit Hilfe von Beobachtungsbegriffen definieren, z. B. in der folgenden Form:

(a) Stoff X ist wasserlöslich gdw gilt: Wenn X in Wasser getaucht wird, löst X sich auf (verliert seine feste Gestalt).

(b) Person S ist intelligent gdw gilt: Wenn S vor den Aufgaben A steht, löst S mehr als 80 Prozent von A.

(c) Staat Y ist demokratisch gdw gilt: Wenn in Y Wahlen abgehalten werden, gibt es vonseiten der Regierung oder der Exekutive keinerlei Behinderungen oder Einflussnahme, die Meinungsfreiheit ist gesichert, etc.

Die Sätze (a)–(c) sind explizite Definitionen (Zuordnungsregeln im Sinne von 4.212), die auf der rechten Seite der Äquivalenzen nur Beobachtungsausdrücke enthalten. Wir könnten damit eine rein theoretische Hypothese aufstellen, z. B.

(d) In demokratischen Staaten leben im Durchschnitt mehr intelligente Menschen als in undemokratischen Staaten.

Dann wären nach 4.212 die Ausdrücke »intelligent« und »demokratisch« das theoretische Vokabular, Ausdrücke wie »Aufgaben gestellt bekommen«, »Aufgaben lösen«, »Wahlen abhalten«, »Meinungsfreiheit sichern«, und »Wahlen behindern (beeinflussen)« das Beobachtungsvokabular. Die Satzmenge T = {(d), (b), (c)} wäre eine kleine Theorie. Hypothese (d) ist ohne Bezug auf (a)–(c) nicht direkt überprüfbar, aber aus {(d), (b), (c)} folgen »Theoreme«, die wir direkt überprüfen können, z. B.

(e) In Staaten, in denen es, wenn in ihnen Wahlen abgehalten werden, vonseiten der Regierung oder der Exekutive keinerlei Behinderungen oder Einflussnahme gibt, die Meinungsfreiheit gesichert ist, etc., leben im Durchschnitt mehr Menschen, die, wenn sie vor den Aufgaben A stehen, mehr als 80 Prozent von A lösen, als in Staaten, in denen es, wenn in ihnen Wahlen abgehalten werden, vonseiten der Regierung oder der Exekutive Behinderungen oder Einflussnahme gibt, die Meinungsfreiheit nicht gesichert ist, etc.

Daher ist T insgesamt durchaus überprüfbar, also wissenschaftlich, obgleich dies für (d) allein nicht gilt.

(2) Die *klassische psychologische Lerntheorie* enthält die zentrale Hypothese
(a) Reizreaktionen werden verstärkt durch Belohnung und gemindert durch Bestrafung.

Aber (a) kann nicht direkt getestet werden, weil nicht klar ist, was genau unter Verstärkung, Verminderung, Belohnung oder Bestrafung zu verstehen ist. Wir könnten für eine Präzisierung die klassische Nutzentheorie verwenden und sagen:
(b) Die Reizreaktionen mit dem höchsten Nutzen werden präferiert.

In (b) müssen allerdings wiederum die Ausdrücke »Nutzen« und »Präferenz« genauer und empirischer bestimmt werden.

Wenn wir abkürzen: $u(o, r)$ = Nutzen des Resultates o der Reizreaktion r; vo = ein von o verschiedenes Resultat, $p(r, t)$ = Wahrscheinlichkeit der Reizreaktion r eines Organismus bei dem t-ten Versuch, dann können wir sagen:
(c) Den Formeln $u(o, r)$ und $u(vo, r)$ können Zahlen zugeordnet werden, d. h. der Nutzen einer Reiz-

reaktion ist messbar (empirisch quantitativ beschreibbar, z. B. in Form von Überlebenswahrscheinlichkeiten).
(d) Resultat o wird präferiert gegenüber jedem anderen Resultat vo genau dann, wenn die Wahrscheinlichkeit der Reizreaktion r, die gewählt wird, um o zu erreichen, von Versuch zu Versuch wächst.

Aufgrund von (c) und (d) wird (b) zu

(e) $u(o, r) > u(vo, r) \Leftrightarrow p(r, t + 1) > p(r, t)$.

Die Hypothese (e) ist bereits empirisch gut testbar, aber die Testbarkeit kann gesteigert werden, wenn die Hypothese noch genauer formuliert wird, z. B. indem das Wachsen der Wahrscheinlichkeiten p hypothetisch präzisiert wird. Die einfachste Annahme wäre, dass diese Wahrscheinlichkeiten um einen konstanten Faktor k ($0 < k \leq 1$) von Versuch zu Versuch anwachsen:

(f) $u(o, r) > u(vo, r) \Leftrightarrow p(r, t + 1) = k \cdot p(r, t)$.

Aus (f) folgen z. B. die beiden Theoreme

(g) $p(r, t) = k^{t-1} \cdot p(r, 1)$.

(h) $p(r, t) - p(r, 1) : p(r, 1) = k^{t-1} - 1$.

In dieser kleinen Theorie sind (a) und (b) die theoretischen Hypothesen, (c) und (d) die Zuordnungsregeln. Die Theorie besteht also aus der Satzmenge {(a), (b), (c), (d)}, die dann zu genaueren und besser testbaren Folgerungen wie den Sätzen (Hypothesen) (e)–(h) führen.

Weichere Zuordnungsregeln sind meist vor allem *logisch* weicher, z. B. wenn wir im Beispiel (1) an Stelle von (b) und (c) behaupten würden:

(b)* X ist intelligent nur dann wenn gilt: Wenn X vor spezifischen Aufgaben A steht, löst X mehr als 80 Prozent von A;

(c)* Staat Y ist demokratisch, wenn gilt: Wenn in Y Wahlen abgehalten werden, gibt es vonseiten der Regierung oder der Exekutive keinerlei Behinderungen oder Einflussnahme.

In (b)* wird nur eine notwendige Bedingung (1.12) für Intelligenz hinsichtlich spezieller Aufgaben genannt, in (c)* wird nur eine hinreichende Bedingung (1.12) für Demokratie angeführt. Insofern werden hier Intelligenz und Demokratie als Dispositionen nur *partiell* (= teilweise) bestimmt.

Wir haben in den ersten Bestimmungen zur Struktur wissenschaftlicher Theorien mit einem sehr einfachen Begriff von Beobachtung und Beobachtungssatz gearbeitet – nämlich mit der Vorstellung »reiner«, d. h. theoretisch unverfälschter Beobachtungen und Beobachtungssätze (4.188 (4)). Aber diese Vorstellung ist gewöhnlich eine Fiktion. Denn die meisten Beobachtungssätze sind auf die eine oder andere Weise von Theorien abhängig – sie sind, wie es oft heißt, *theoretisch geladen*.

Galileo Galilei machte beispielsweise sensationelle Beobachtungen von Tälern und Bergen auf dem Mond, von Sonnenflecken und Monden des Planeten Jupiter, und er formulierte diese Beobachtungen in Form von Beobachtungssätzen (»Am Tag X zur Zeit t waren drei Jupitermonde sichtbar«). Aber es handelte sich bei diesen Sätzen, wie Vertreter der Kirche betonten, nicht um reine Beobachtungssätze. Denn Galilei schaute durch ein von ihm selbst gefertigtes Fernrohr, das auf einer optischen Theorie T beruhte, deren Richtigkeit er voraussetzte. Er formulierte also Beobachtungssätze relativ zu T; allerdings war die astronomische Hypothese, dass einige Planeten außer der Erde Monde haben und dass daher die aristotelische Astronomie grundfalsch ist, logisch unabhängig von T als optischer Theorie. Allgemein gefasst könnte man sagen: Immer wenn Sachverhalte mit Hilfe bestimmter Messgeräte beobachtet werden, sind die formulierten Beobachtungssätze abhängig von den »Messgerätetheorien«, die der Konstruktion und Zuverlässigkeit der Messgeräte zugrunde liegen. Dasselbe gilt natürlich z. B. auch für psychologische Tests: Die Resultate von Intelligenztests sind

Beobachtungssätze, aber die spezifischen Fragen des Tests legen erst fest, d. h. sind Teile einer Theorie darüber, was Intelligenz ist, und daher sind die Beobachtungssätze über die Resultate der Tests abhängig von der im Test fixierten Intelligenztheorie – die Testresultate können also die Intelligenztheorie selbst keineswegs überprüfen, sondern setzen diese Intelligenztheorie vielmehr bereits voraus.

Wir sollten also besser von einem etwas raffinierteren Begriff von Beobachtungssätzen ausgehen:

4.214 *Beobachtungssätze relativ zu Theorien*

(1) Sei T eine Theorie, dann heißt der Satz S *Beobachtungssatz relativ zu T*, falls der Wahrheitswert (1.6) von S aufgrund von Wahrnehmungen (Beobachtungen) oder in Abhängigkeit von akzeptierten, von T jedoch unabhängigen Theorien ermittelt werden kann.
(2) Eine Menge von Beobachtungssätzen relativ zu einer Theorie T heißt *Beobachtungssprache relativ zu T*, die auch quantifizierte Sätze (1.28) enthalten kann.
(3) Das Vokabular einer Beobachtungssprache relativ zu T, das weder logisch noch mathematisch ist, heißt *Beobachtungsvokabular relativ zu T*.

Dieser raffiniertere Begriff eines Beobachtungsvokabulars ist eines der neuen Elemente für eine weitere Kennzeichnung des Aufbaus wissenschaftlicher Theorien, die nicht mehr strikt empiristisch ist (der strikte Empirismus (4.187) arbeitet gern mit dem Konzept reiner Beobachtungssätze). Ein weiteres neues Element ist die Zulassung der modalen Sprache, die es uns erlaubt, von De-re-Notwendigkeiten (2.61 (6)) und damit von Naturgesetzen (2.70–2.73) und nicht nur von allgemeinen Regularitäten zu reden:

4.215 *Klassische (nicht-empiristische) Standardinterpretation des Theorienaufbaus*

(1) Die wissenschaftliche Sprache der Theorie T ist formuliert in der Prädikatenlogik erster Stufe mit Identität, evtl. erweitert um modale Operatoren.
(2) Die nicht-logische, nicht-mathematische, deskriptive wissenschaftliche Sprache von T zerfällt erschöpfend in zwei Untersprachen:
  (a) die Beobachtungssprache L_o relativ zu T,
  (b) die theoretische Sprache L_t, die alle deskriptiven Begriffe enthält, die nicht in L_o vorkommen.
(3) Es gibt eine Menge T_p *gesetzesartiger* Sätze (2.71 (1)) von T, die zu L_t gehören.
(4) Es gibt ein Interpretationssystem Z für T_p mit der Basis V_o (d. h. dem zu L_o gehörenden Beobachtungsvokabular relativ zu T (4.214)), so dass gilt:
  (a) Jeder Satz S aus Z ist gesetzesartig.
  (b) $T_p \wedge Z$ ist darstellbar als Axiomatisierung (1.40) von T.
  (c) Es gibt Sätze S aus L_o, so dass gilt
  $T_p \wedge Z \vdash S$.
(5) Der Aufbau von T ist darstellbar durch
$T = T_p \wedge Z$.
T ist eine *naturwissenschaftliche Theorie,* wenn sie allein in einem naturwissenschaftlichen Vokabular (2.101) formuliert ist und nach (3) Regularitäten im Sinne von Naturgesetzen (2.70–2.73) anerkennt.

Bestätigung und Widerlegung wissenschaftlicher Theorien

Wissenschaftliche Theorien (4.207, 4.211) lassen sich durch Deduktion von Beobachtungssätzen (4.188 (4), 4.214) aus ihren theoretischen Hypothesen empirisch prüfen. Aber unter welchen Bedingungen sollten wir eine vorgelegte wissenschaftliche Theorie für bestätigt oder für widerlegt halten? Die Antwort auf diese Frage, und damit die zentrale Idee eines *Bestätigungs- und Widerlegungskriteriums* für wissenschaftliche Theorien, ist naheliegend: Eine Theorie wird *bestätigt* durch alle *wahren* Beobachtungssätze, die aus ihr logisch deduziert werden können, und sie wird *widerlegt* durch alle *falschen* Beobachtungssätze, die aus ihr logisch deduziert werden können (1.16, 1.23). Vier Aspekte dieser Idee verdienen es, besonders hervorgehoben zu werden:

(a) Theorien können aufgrund der logischen Beziehungen zwischen ihren Aussagen gewöhnlich *nur im Ganzen* bestätigt oder widerlegt werden; insbesondere bedeutet eine Widerlegung nur, dass mindestens eine ihrer Behauptungen falsch sein muss.

(b) Das Bestätigungs- und Widerlegungskriterium ist, ebenso übrigens wie das Abgrenzungskriterium (4.211), ein *komparatives* Kriterium: Theorien können mehr oder weniger bestätigt oder widerlegt sein (ebenso wie sie mehr oder weniger wissenschaftlich sein können).

(c) Eine wissenschaftliche Theorie kann durch Deduktion von Beobachtungssätzen sowohl bestätigt als auch widerlegt werden.

(d) Aus logischen Gründen können empirische Theorien (4.210) im Ganzen mittels Deduktion von Beobachtungssätzen nur definitiv als falsch, nicht aber definitiv als wahr erwiesen werden, denn Falsches kann logisch nur aus Falschem folgen, aber Wahres kann logisch sowohl aus Wahrem als auch aus Falschem folgen.

Es ist vor allem der vierte Aspekt (d), der als kennzeichnend für empirische wissenschaftliche Theorien (4.210) angesehen wird. Die ptolemäische Astronomie beispielsweise ist mit hoher Wahrscheinlichkeit falsch, aber aus ihr konnten zahlreiche wahre astronomische Beobachtungsaussagen deduziert werden, und darum galt sie über viele Jahrhunderte hinweg als hervorragend bestätigt.

Die folgenden Erläuterungen formulieren die skizzierte Idee des Bestätigungs- und Widerlegungskriteriums etwas genauer aus. Dabei wird auf Beobachtungssätze (4.188 (4), 4.214) Bezug genommen, die aus einer Theorie deduziert und durch Wahrnehmung oder Beobachtung als wahr oder falsch erwiesen werden können:

4.216 *Deduktives Bestätigungs- und Widerlegungskriterium für wissenschaftliche Theorien*

Eine wissenschaftliche Theorie T (4.207, 4.211)
(1) heißt *deduktiv bestätigt* an einem Satz E gdw E ein wahrer Beobachtungssatz (4.188 (4), 4.214) oder ein bestätigter universeller Satz ist und E^* ein weiterer wahrer Beobachtungssatz ist, so dass gilt: $E^* \wedge T \vdash E$, und nicht $E^* \vdash E$ (E heißt dann auch *bestätigende Evidenz* für T).
(2) T heißt *deduktiv falsifiziert* durch E gdw E ein falscher Beobachtungssatz oder ein falscher universeller Satz ist und E^* ein weiterer wahrer Beobachtungssatz ist, so dass gilt: $E^* \wedge T \vdash E$, und nicht $E^* \vdash E$ (E heißt dann auch *Falsifikator* von T).
(3) T heißt *deduktiv indifferent* gegenüber E gdw T weder an E deduktiv bestätigt noch durch E deduktiv falsifiziert wird.

Es ist dieser deduktive Bestätigungs- und Widerlegungsbegriff, der an der Vorstellung orientiert ist, dass eine

Theorie an ihren logischen Konsequenzen geprüft wird (1.15–1.16, 1.23).

Ein anderer Grundgedanke zur Formulierung des Bestätigungs- und Widerlegungskriteriums geht davon aus, dass wir eine Theorie dann als *bestätigt* durch einen Beobachtungssatz E betrachten, wenn die Wahrheit von E unsere Theorie glaubwürdiger und in diesem Sinne wahrscheinlicher macht (zu diesem *subjektiven Wahrscheinlichkeitsbegriff* vgl. auch die Erläuterung zu 2.72). Dieser Grundgedanke führt auf einen *induktiven Bestätigungsbegriff* (1.14):

4.217 *Induktives Bestätigungs- und Widerlegungskriterium für wissenschaftliche Theorien*

Sei p_S ein subjektiver Wahrscheinlichkeitsbegriff (siehe Passage nach 2.72) und E ein wahrer Beobachtungssatz oder ein bestätigter universeller Satz; sei ferner A das relevante Hintergrundwissen für E und eine wissenschaftliche Theorie T (4.207, 4.211); dann gilt:
(1) E *bestätigt* T bezüglich A und p_S *induktiv* gdw
 $p_S(T|E \wedge A) > p_S(T|A)$
(2) E *entkräftet* T bezüglich A und p_S *induktiv* gdw
 $p_S(T|E \wedge A) < p_S(T|A)$
(3) E ist für T bezüglich A und p_S *induktiv indifferent* gdw $p_S(T|E \wedge A) = p_S(T|A)$

(Zur Formel p (X|Y) vgl. die Erläuterung nach 2.77).

Die Bemühung um Bestätigung und Widerlegung empirischer Theorien (4.210) bildet der klassischen Wissenschaftstheorie zufolge den Kern wissenschaftlicher Tätigkeit und ist zugleich die Grundlage wissenschaftlicher Rationalität. Wir sollten uns daher einige Beispiele für dieses Verfahren ansehen.

Betrachten wir als erstes Beispiel noch einmal die kleine Theorie T, die wir bereits oben im Beispiel nach 4.213 angeführt hatten:

(a) In demokratischen Staaten leben im Durchschnitt mehr intelligente Menschen als in undemokratischen Staaten.

(b) X ist intelligent genau dann wenn gilt: Wenn X vor Aufgabe A steht, löst X mehr als 80 Prozent von A.

(c) Staat Y ist demokratisch genau dann wenn gilt: Wenn in Y Wahlen abgehalten werden, gibt es vonseiten der Regierung oder der Exekutive keinerlei Behinderungen oder Einflussnahme, die Meinungsfreiheit ist gesichert, etc.

Wenn wir uns einen bestimmten demokratischen Staat S und einen bestimmten undemokratischen Staat S* anschauen, dann folgt aus dieser Theorie mit (a) bis (c) als Prämissen deduktiv als Konklusion das Theorem T1, das prognostiziert: In S lösen im Durchschnitt mehr Menschen mehr als 80 Prozent der Aufgaben A als in S*.

Vielleicht stellt sich durch Beobachtung T1 als wahr heraus, vielleicht als falsch. *Wenn* sich T1 als wahr herausstellt, ist T1 eine Bestätigung der Theorie T (alternativ/induktiv: macht uns T glaubwürdiger); wenn sich T1 als falsch herausstellt, ist T1 eine Falsifikation von T (alternativ/induktiv: macht uns T unglaubwürdiger).

Oder nehmen wir die Verstärkungstheorie VT und insbesondere ihr Theorem

(g) $p(r, t) = k^{t-1} p(r, 1)$.

Wenn wir hypothetisch $k = 0{,}3$ setzen und vier Versuche mit einem Tier in bezug auf Reizreaktion r machen, folgt deduktiv aus (g) die Prognose

(g)* $p(r, 4) = 0{,}3^3 \cdot p(r, 1) = 0{,}027 \cdot p(r, 1)$

Ist z. B. die Wahrscheinlichkeit, dass unser Tier beim ersten Versuch r wählt, 60 Prozent, oder 0,6; dann sollte diese Wahrscheinlichkeit beim vierten Versuch 0,0162 sein. Stellt sich (g)* als wahr heraus, ist (g)* eine deduktive Bestätigung von VT oder macht VT für uns glaubwürdiger; stellt sich (g)* als falsch heraus, ist dies eine deduktive Falsifikation von VT oder macht VT unglaubwürdiger.

Ein weiteres instruktives Beispiel ist das Verfahren, mit dem der Wiener Arzt Semmelweis gegen Ende des neunzehnten Jahrhunderts mittels Beobachtungen und Experimenten verschiedene Theorien zur Erklärung der höchst unterschiedlichen Sterberaten in seinen beiden geburtshilflichen Abteilungen testete und schließlich die richtige Theorie fand. Der alarmierende Befund war, dass in den Jahren 1844 bis 1846 in der ersten geburtshilflichen Abteilung des Wiener Allgemeinen Krankenhauses weitaus mehr Mütter (im Durchschnitt 10 Prozent aller Gebärenden) starben als in der zweiten geburtshilflichen Abteilung – an einer Krankheit, die »Kindbettfieber« genannt wurde, deren Besonderheit und Ursachen jedoch niemand kannte. Im folgenden werden die Beobachtungen, Experimente und Theorien analysiert, die Semmelweis in Erwägung zog. Nur Theorie T6 erwies sich als vereinbar mit allen Beobachtungssätzen (4.188 (4)), 4.214), d. h. T6 wurde durch keine Beobachtung und kein Experiment widerlegt, wie man unschwer erkennen kann:

Der Fall Semmelweis: Eine Analyse

(S = Sterblichkeit; A_1 = erste geburtshilfliche Abteilung, A_2 = zweite geburtshilfliche Abteilung; B = durchgeführte Beobachtungen; T_x = Theorie oder theoretische Hypothese; B* = prinzipiell durch Beobachtung bzw. Experiment überprüfbare Prognose der Theorie T_x; E = durchgeführte Experimente

B	Differenz der Sterblichkeit in A_1 und A_2: $S(A_1) > S(A_2)$ (Ausgangspunkt)
T_1	*Epidemische »tellurische« Einflüsse;*
⊢B*	Epidemie in Wien; Straßensterblichkeit; *aber* B* ist falsch, denn:
B_1	Keine Epidemie in Wien.
B_2	Keine Straßensterblichkeit.
T_2	*Überbelegung, schlechte Behandlung, schlechtes Essen in A_1; aber das ist falsch, denn:*
B_3	Belegung in A_1 und A_2 gleich, ebenso Behandlung und Essen.
T_3	*Verwundungen in A_1 durch Studenten, denn*
B_4	*Studenten* in A_1, Hebammen in A_2;
⊢B*	Untersuchungsmethoden in A_1 und A_2 verschieden; *aber* B* ist falsch, denn:
B_5	Untersuchungsmethoden in A_1 und A_2 gleich.
T_4	*Schreck vor Priester, denn:*
B_6	Priesterklingeln in A_1, nicht in A_2;
⊢B*	S müsste sich ändern, wenn die Priester sich leiser verhalten; *aber* B* ist falsch, denn:
E_1	Priester leiser, aber S unverändert.
T_5	*Geburtsstellung in A_1 und in A_2 verschieden, denn*
B_7	Geburtstellung in A_1 Rückenlage, in A_2 Seitenlage;
⊢B*	S müsste sich mit Geburtsstellung ändern; *aber* B* ist falsch, denn:
E_2	Stellung verändert in A_1, S unverändert.
T_6	*Infektiöse Leichensubstanz ist verantwortlich für hohe Sterberate, denn*

B_8 Studenten, Ärzte kommen von Pathologie direkt in A_1, aber nicht in A_2.
B_9 Gebärende Mütter infiziert bei vaginalen Wehenuntersuchungen.
$\vdash B^*$ S müsste sich ändern mit Desinfektion der Hände der behandelnden Mediziner; *tatsächlich* ist B^* wahr, denn:
B_{10} Menschenexperiment zur Prüfung und Bestätigung:
E_3 Behandlung in A_1 nach Desinfektion der Hände: $S(A_1)$ radikal gesenkt.
E_4 Behandlung in A_1 ohne Desinfektion: $S(A_1)$ unverändert hoch.

In diesem Beispiel sind B^* jeweils die Beobachtungssätze, die aus den Hypothesen $T_1 \ldots T_6$ deduziert werden können. Mit »aber« werden jeweils diejenigen Beobachtungen und experimentellen Ergebnisse eingeleitet, aufgrund derer die gefolgerten Beobachtungssätze B^* als falsch erwiesen werden, so dass dann aus logischen Gründen mittels Modus Tollens (1.15) die jeweiligen Hypothesen widerlegt sind. Nur T_6 impliziert logisch ein wahres experimentelles Resultat und ist überdies mit *allen* Beobachtungen und Experimenten vereinbar, d. h. T_6 ist durch *keine* der aufgeführten Beobachtungen und Experimente widerlegbar.

Ein letztes Beispiel ist die Herleitung des Boyle-Mariotteschen Gesetzes (BM), wie sie in klassischen Physik-Büchern zu finden ist. Wenn wir davon ausgehen, dass dieses Naturgesetz (2.70–2.73) ein *empirisches* Gesetz ist, dessen Wahrheit wir induktiv (1.14) begründen können, dann bestätigt diese Herleitung die allgemeineren und abstrakteren Naturgesetze z. B. der Theorie der idealen Gase, die sich auf nicht-beobachtbare Gegenstandsbereiche beziehen:

BM Der Druck p eines Gases ist direkt proportional zu der Masse M der Gasmenge und umgekehrt proportional zu dem Volumen V des Behälters

Formel: $P = \frac{M}{V} \cdot L$ (L Konstante)

Herleitung:
(1) Alle Moleküle eines Gases haben dieselbe mittlere kinetische Energie
$E = \frac{1}{2} m \cdot u$ (m = Masse, u = Geschwindigkeit).
(2) Die klassische Mechanik gilt für Gasmoleküle.
(3) Der Kraftstoß $\int K dt$, den ein Körper A einem Körper B erteilt, ist das Maß für die Änderung des Impulses $m \cdot u$ von B in einer Zeit t.
Formel: $\int K dt = m(u_2 - u_1)$.
(4) Die Dichte v eines Gases mit n Molekülen der Masse m in einem Behälter mit dem Volumen V ist

$v = \frac{n \cdot m}{V} = \frac{M}{V}$ (wobei $M = n \cdot m$).

(5) Der Druck p, den ein Körper durch Einwirkung einer Kraft K auf die Fläche F ausübt, beträgt

$p = \frac{K}{F}$

(6) Der Stoß jedes Gasmoleküls ist elastisch und erfolgt senkrecht auf die Wände des Behälters B. Es folgt dann:
(7) Jedes Gasmolekül erteilt einer Wand von B beim Stoß den Kraftstoß $\int K dt = 2 m \cdot u$.
Begründung: Nach (2) dürfen wir die klassische Mechanik, also insbesondere auch (3), auf Gasmoleküle anwenden. Nach (6) wird in (3) $u_1 = u_2$, weil das Molekül bei elastischem Stoß senkrecht zurückprallt. Mit $u_1 = u_2$ folgt (7).

Wir berechnen nun zunächst den Druck p auf *eine* der sechs planen Wände des Behälters B. Dann können wir sagen:

(8) Von allen n_1 Molekülen der Geschwindigkeit u_1 erreicht die Anzahl
$$\frac{1}{6} n_1 \cdot \frac{F \cdot u_1 \cdot t}{V}$$
die Wand F.
Begründung: Der Raum
$$\frac{F \cdot u_1 \cdot t}{V}$$
ist jener Teilraum des Gesamtvolumens V, innerhalb dessen die Moleküle mit der Geschwindigkeit u_1 in einer gegebenen Zeit t noch die Wand F erreichen, und nach (6) fliegen die Moleküle senkrecht auf F zu.

(9) Die Summe $\Sigma K dt$ der Kraftstöße aller Gasmoleküle der Geschwindigkeit u_1 auf F in der Zeit t ist
$$\Sigma \int K dt = 2m \cdot u_1 \cdot \frac{1}{6} \cdot n_1 \cdot \frac{F \cdot u_1 \cdot t}{V}$$
Begründung: Nach (7) muss die Anzahl der Gasmoleküle (vgl. (8)) mit $2mu_1$ multipliziert werden. Das ergibt (9).

Ferner sei angenommen:

(10) Die Summe der Kraftstöße während der Zeit t ist gleichwertig mit einem einzigen Kraftstoß $K'_1 dt$, der während t mit der konstanten Kraft K' wirkt. D. h. wir setzen
$\Sigma \int K dt = K'$ (und lassen den Zeitfaktor weg).

(11) Es ist $K' = 2m \cdot u_1 \cdot \frac{1}{6} \cdot n_1 \cdot \frac{F \cdot u_1 \cdot t}{V}$
$= \frac{1}{3} n_1 \cdot \frac{F}{V} \cdot m \cdot u_1^2 = \frac{1}{3} \cdot \frac{n_1}{V} \cdot F \cdot u_1^2$

Begründung: Dies folgt sofort aus (9) und (10).

(12) Der Druck p_1 aller Gasmoleküle der Geschwindigkeit u_1 auf F ist
$p_1 = \frac{K'_1}{F} = \frac{1}{F} \cdot \frac{1}{3} \cdot \frac{n_1 \cdot m}{V} \cdot F \cdot u_1^2 = \frac{1}{3} \cdot \frac{n_1}{V} \cdot u_1^2$
Begründung: (5) und (11).

(13) Der Druck aller Gasmoleküle in B auf F ist
$$p = \frac{1}{3} \cdot \frac{n \cdot m}{V} \cdot u^2$$
Begründung: Satz (12) ist auf alle Gasmoleküle auszudehnen, und zwar mit beliebigen Geschwindigkeiten, d. h. wir setzen
$$p = p_1 + p_2 + \ldots + p_n$$
$$n = n_1 + n_2 + \ldots + n_k$$
$$u_2 = n_1 \cdot u_1^2 + n^2 \cdot u_2^2 + \ldots + n_m \cdot u_m^2$$

(14) In (13) ist u^2 konstant, d. h. es ist $u^2 = L'$ (wobei L' eine Konstante ist)
Begründung: Dies folgt direkt aus (1).

(15) Es gilt $p = \frac{1}{3} \cdot \frac{n \cdot m}{V} \cdot u^2 = \frac{1}{3} \cdot \frac{M}{V} \cdot L'$
Begründung: Nach (14) lässt sich in (13) setzen $u^2 = L'$, also auch
$$\frac{1}{3} \cdot L' = L.$$
Ferner ist
$M = n \cdot m$; es folgt mit (13)
$$p = \frac{M}{V} \cdot L \; (L \text{ Konstante}) \; (= BM)$$

In dieser Ableitung sind z. B. (1)–(3) nicht direkt empirisch überprüfbare, theoretische Hypothesen, (4)–(5) dagegen Zuordnungsregeln in Form gemischter Sätze. Wissenschaftstheoretisch interessant ist, dass die Sätze (6)–(7) Idealisierungen darstellen, die realistisch betrachtet falsch sind, die aber notwendig sind, um die Ableitung im mathematischen Sinne zu etablieren. Dieses Beispiel beschreibt den Fall, dass eine abstrakte Theorie nicht durch Deduktion singulärer Beobachtungssätze, *sondern durch Deduktion eines empirischen Naturgesetzes* bestätigt wird. Voraussetzung dafür ist, dass dieses empirische Naturgesetz, das nur mit empirischen Begriffen formuliert ist, seinerseits durch Deduktion singulärer Beobachtungssätze hervorragend bestätigt ist.

Akzeptanz und Verwerfung wissenschaftlicher Theorien

In älteren wissenschaftstheoretischen Positionen wurde zwischen Bestätigung und Akzeptanz bzw. zwischen Widerlegung und Verwerfung wissenschaftlicher Theorien nicht unterschieden: widerlegte Theorien sollten verworfen, bestätigte Theorien akzeptiert werden:

> **4.218** *Wissenschaftstheoretischer Deduktivismus und Induktivismus*
>
> Der *wissenschaftstheoretische Deduktivismus und Induktivismus* behauptet,
> (1) dass die deduktive oder induktive Bestätigung einer Theorie hinreichend dafür ist, die Theorie zu akzeptieren,
> (2) und dass die deduktive Widerlegung oder die induktive Entkräftung hinreichend dafür ist, die Theorie zu verwerfen.

Diese Position ist jedoch unhaltbar. Sie kommt beispielsweise nur schlecht mit dem häufig auftretenden Fall zurecht, dass Theorien sowohl bestätigt als auch widerlegt sind. Vor allem aber kann eine induktiv gut bestätigte Theorie geringe Glaubwürdigkeit besitzen, und es kann gute Gründe geben, eine deduktiv gut bestätigte und nicht falsifizierte Theorie zu verwerfen, z. B. wenn es eine noch besser bestätigte und nicht falsifizierte Theorie gibt. Die Falsifikation einer Theorie ist also nicht notwendig für ihre Verwerfung. Ebenso kann es gute Gründe dafür geben, eine Theorie mit einigen Falsifikatoren (4.216 (2)) zu akzeptieren, z. B. wenn diese Theorie zugleich viele bestätigende Evidenzen besitzt und eine bessere Theorie nicht in Sicht ist. Die aristotelische Physik etwa war sehr gut bestätigt, konnte aber u. a. die Wurf- und Fallbewegung nicht erklären und hatte Probleme mit der physikalischen Erklärung der Planetenbewegung. Aber solange keine bessere Theorie zur Verfügung stand, wäre es extrem irrational gewesen, die gesamte aristotelische Physik über Bord zu werfen. Die Falsifikation einer Theorie ist also auch nicht hinreichend für ihre Verwerfung.

Aus diesen Gründen muss über ein Abgrenzungskriterium (4.211) und ein Bestätigungs- und Widerlegungskriterium (4.216–4.217) hinaus ein *Akzeptanz- und Verwerfungskriterium* für wissenschaftliche Theorien formuliert werden. Die Akzeptanz und Verwerfung einer Theorie hängt offensichtlich maßgeblich davon ab, in welchem Verhältnis diese Theorie zu anderen Theorien steht – beispielsweise zu ihren Vorläufern. Mit dem Akzeptanz- und Verwerfungskriterium betreten wir das Feld der *historischen Entwicklung und Konkurrenz von Theorien* – also den Bereich der *Theoriendynamik*, für den weder das Abgrenzungskriterium noch das Bestätigungs- und Widerlegungskriterium greifen. Das ist der entscheidende Grund dafür, dass wir spezifische Akzeptanz- und Verwerfungskriterien benötigen.

Eine recht einfache Formulierung eines *Akzeptanz- und Verwerfungskriteriums für jeweils einzelne wissenschaftliche Theorien* unter dem genannten Aspekt ist:

4.219 *Akzeptanz- und Verwerfungskriterium für wissenschaftliche Theorien*

(1) Sind T_1, T_2 wissenschaftliche Theorien (4.207, 4.211), so wird T_1 zugunsten von T_2 *verworfen*, falls gilt:
   (a) Ist E ein Beobachtungssatz, der T_1 bestätigt (4.216–4.217), so bestätigt er auch T_2.

(b) Ist E ein Beobachtungssatz, der T_2 falsifiziert (4.216–4.217), so falsifiziert er auch T_1.
(c) Es gibt Beobachtungssätze (4.188 (4)), 4.214), die T_2, nicht aber T_1 bestätigen, oder die T_1, nicht aber T_2 falsifizieren.
(d) T_2 ist einfacher als T_1, d. h. einige Naturgesetze (2.70–2.73), die in T_1 postuliert werden, sind aus Naturgesetzen, die in T_2 postuliert werden, ableitbar.
(e) T_2 lässt gegenüber T_1 interessante neue Probleme erkennen.
(2) Eine Theorie T wird *akzeptiert*, solange es keine weitere Theorie gibt, zu deren Gunsten T nach den Kriterien (a)–(e) aus (1) verworfen werden sollte.

Das Akzeptanz- und Verwerfungskriterium 4.219 gibt offensichtlich keinen übermäßig genauen Leitfaden für eine Entscheidung über Akzeptanz oder Verwerfung von Theorien ab, denn die Kriterien (a)–(e) aus (1) haben eine komparative Form und sind zuweilen nur zum Teil erfüllt: Theorien können nach 4.219 mehr oder weniger bestätigt bzw. falsifiziert sein, und sie erfüllen möglicherweise nur einige der unter (1) genannten Bedingungen. Außerdem müssen sie im Einzelfall gegeneinander gewichtet werden. Dennoch repräsentieren sie wichtige Gesichtspunkte, unter denen der klassischen Wissenschaftstheorie zufolge entsprechende wissenschaftliche Entscheidungen getroffen werden sollten und auch oft getroffen werden. Im Übrigen kann das Kriterium 4.219 mit der *Idee vom kumulativen (= wissensanhäufenden) Fortschritt der Wissenschaften* verbunden werden. Diese Idee geht davon aus, dass es *drei mögliche Formen einer Entwicklung neuer wissenschaftlicher Theorien gibt.* Zum einen kann eine Theorie einen *ganz neuen Gegenstandsbereich erobern*, d. h. als neuartige

Theorie in Hinsicht auf diesen Gegenstandsbereich bestätigt werden. Diese Bestätigung bleibt dann bei allen weiteren wissenschaftlichen Entwicklungen in diesem Bereich erhalten. Die bestätigten Fälle bilden den *intendierten Anwendungsbereich* der Theorie, für den sie konzipiert wurde, selbst wenn sie sich in Zukunft auf keine weiteren Anwendungsfälle erfolgreich ausdehnen lässt. Zum anderen kann eine Theorie, die in einem Gegenstandsbereich bereits bestätigt ist, *diese Bestätigung auf einen größeren Bereich ausdehnen*, der den alten Gegenstandsbereich in sich enthält – meist dadurch, dass das Interpretationssystem von theoretischen Ausdrücken durch Beobachtungsausdrücke geeignet verändert wird. Und schließlich können neue Theorien entwickelt werden, die eine ältere gegebene Theorie logisch enthalten. In diesem Fall *wird die ältere Theorie auf die neuere reduziert.* Diese Gedanken können wir folgendermaßen notieren:

4.220 *Das Modell kumulativer Entwicklung wissenschaftlicher Theorien*

Die Theoriendynamik ist *kumulativ*, insofern sie nach einer der folgenden Regeln verläuft:
(a) Erstellung einer neuen Theorie T über einen bisher nicht erklärten Gegenstandsbereich (= intendierten Anwendungsbereich) G, so dass sich T bezüglich G bestätigen lässt.
(b) Erweiterung einer bereits bestätigten Theorie T* = T ∧ Z, die bezüglich eines Gegenstandsbereichs G bestätigt ist: Änderung von Z zu einem neuen Interpretationssystem Z*, so dass die erweiterte Theorie T** = T ∧ Z* in Hinsicht auf einen größeren Gegenstandsbereich G* mit G ⊂ G* (= G Teilmenge von G*) bestätigt werden kann (dabei ist Z ein Interpretationssystem, 4.215 (4))

(c) Reduktion einer bereits bestätigten Theorie T_1 auf eine bestätigte Theorie T_2: Wenn Annahmen A_i über die Beziehungen der Begriffe aus T_1 und T_2 existieren, so gilt: $A_i \wedge T_2 \vdash T_1$.

Das Akzeptanz- und Verwerfungskriterium sowie die Kumulationsidee setzen unter anderem voraus, dass es eine *neutrale Beobachtungssprache* gibt, also eine Sprache, in der Sätze formuliert werden können, deren Wahrheit oder Falschheit unabhängig von jeder Theorie, gleichsam mit Hilfe »reiner« Beobachtungen, festgestellt werden kann und die daher zur Prüfung beliebiger Theorien herangezogen werden können. Diese Voraussetzung wird von komplexeren Modellen der Theorienstruktur bestritten (vgl. 4.214–4.215).

Das Akzeptanz- und Verwerfungskriterium 4.219 wird gewöhnlich auch mit einer speziellen wissenschaftstheoretischen Position, dem *Falsifikationismus*, verbunden, der die Idee eines kumulativen Fortschritts in der Theoriendynamik primär in negativer Weise formuliert, nämlich unter Hinweis auf den Versuch von Falsifikationen:

4.221 *Zentrale Idee des Falsifikationismus (Popper-Modell)*

Wissenschaftliche Tätigkeit besteht im Wesentlichen darin,
(a) möglichst falsifizierbare (d. h. präzise, riskante, informationsstarke) Theorien (4.211) vorzuschlagen,
(b) die vorgeschlagenen Theorien durch harte Falsifikationsversuche zu testen,
(c) falsifizierte Theorien (4.216–4.217) fallen zu lassen,

> (d) nach einer Falsifikation erneut nach Maßgabe von (a), (b) und (c) zu verfahren
> (e) und durch diese Methode von Versuch und Irrtum der Wahrheit näher zu kommen.

Welchen Status haben nun aber die Behauptungen der Wissenschaftstheorie selbst? Auf den ersten Blick präsentieren sie sich als *allgemeine normative Empfehlungen* für die Konstruktion und den Test guter wissenschaftlicher Theorien, ähnlich wie die Logik normative Empfehlungen für die Konstruktion guter oder gar zwingender Argumente abgibt. Die wissenschaftstheoretischen Empfehlungen werden ihrerseits in der klassischen Wissenschaftstheorie als Ausdruck einer *moralischen Einstellung* betrachtet: Die Wissenschaftstheorie expliziert die *Standards wissenschaftlicher Rationalität und wissenschaftlicher Ethik* (= Verhaltenskodex für den Umgang mit Resultaten und Methoden der Erfahrungswissenschaften). Diese Standards empfehlen eine *kritische, undogmatische Haltung*, eine *durchsichtige, klare und überprüfbare Formulierung aller Behauptungen* und eine *Testbarkeit aller Behauptungen durch jede geeignet ausgebildete Person*. Wissenschaftliche Rationalität ist daher eine der besten Formen *demokratischer Gesinnung*.

Wissenschaftstheorie und Wissenschaftsgeschichte

Eine naheliegende Frage ist dann allerdings, ob sich diese Standards speziell auch auf die wissenschaftstheoretischen Behauptungen anwenden lassen. Wie können wir wissenschaftstheoretische Behauptungen testen, bestätigen oder falsifizieren? Eine Antwort auf diese Frage scheint nicht leicht zu sein, denn die Wissenschaftstheorie beansprucht, die Methoden der Prüfung von wissenschaftlichen Behauptungen (4.211 (2)) allererst vorzuschlagen und zu begründen. Dann können diese Vorschläge aber nicht methodisch falsifiziert werden, denn diese Falsifikation (4.216–4.217) scheint die wissenschaftstheoretischen Vorschläge bereits zu unterstellen.

Es dürfte freilich klar sein, dass die Wissenschaften, die den Gegenstand der Wissenschaftstheorie bilden (zumindest die Naturwissenschaften), schon seit langem, wie Immanuel Kant einmal formulierte, den sicheren Gang der Wissenschaft eingeschlagen haben, denn sie produzieren seit langem gute und akzeptierte Theorien. Wir sollten daher erwarten, dass die wissenschaftstheoretischen Empfehlungen die *empirisch und historisch feststellbare Erfolgsgeschichte* etablierter Wissenschaften angemessen abdecken. Wenn die Wissenschaftstheorie Empfehlungen formuliert, die von den Wissenschaftlern, die tatsächlich gute Theorien produziert haben, überhaupt nicht befolgt worden sind, stimmt etwas nicht mit der Wissenschaftstheorie. Die wissenschaftstheoretischen Annahmen sollten dieser Überlegung zufolge am besten anhand von Beispielen aus der erfolgreichen Wissenschaftsgeschichte getestet werden können und auch getestet werden. Dieser Gedanke hat zu einer Wende in der Entwicklung der Wissenschaftstheorie beigetragen:

4.222 Die *wissenschaftshistorische Wende der Wissenschaftstheorie*

(1) Die *wissenschaftshistorische Wende der Wissenschaftstheorie* beruht auf der Forderung, dass die wissenschaftstheoretischen Empfehlungen zum Aufbau und Test von wissenschaftlichen Theorien (4.211) anhand der faktisch erfolgreichen Wissenschaftsgeschichte getestet werden müssen.
(2) Die Wissenschaftstheorie hat nach (1) zu untersuchen, welche Regeln und Methoden in der bis-

herigen Wissenschaftsgeschichte tatsächlich befolgt wurden, um gute Theorien zu konstruieren, und sie sollte nur diese Regeln und Methoden empfehlen.
(3) Für die Erfüllung der in (2) genannten Forderung wird ein Kriterium für den Erfolg wissenschaftlicher Theorien (4.211) benötigt, das unabhängig von spezifischen wissenschaftstheoretischen Überlegungen ist; dieses Kriterium muss auf die Urteile der konkret an der Theorienentwicklung beteiligten Wissenschaftlern zurückgehen.
(4) Wissenschaftstheoretische Normen haben den Status hypothetischer Imperative, die empirisch falsifizierbar sind: Sie empfehlen die Befolgung bestimmter wissenschaftlicher Methoden unter der Bedingung, dass auf diese Weise gute wissenschaftliche Theorien (4.207, 4.211) konstruiert werden. Sollte sich erweisen, dass auf diese Weise keine guten wissenschaftlichen Theorien konstruiert werden können, müssen die bisher verwendeten Methoden verworfen werden.

Die Wissenschaftsgeschichte zeigt nun, dass erfolgreiche wissenschaftliche Theorienbildung sich stets in einem metaphysischen, methodologischen und gesellschaftlichen Rahmen vollzieht, der für die Theorienbildung relevant ist.

Die *aristotelische Physik* enthält beispielsweise zahlreiche konkrete empirische Theorien (4.210), von der Physik über die Biologie bis zur Meteorologie – etwa Theorien des Schalls, des Donners, der Funktionen der Teile der Tiere, und der Seele. Diese Theorien bestehen aus *empirischen Behauptungen*. Aber diese empirischen Behauptungen werden unterfüttert von *metaphysischen Behauptungen*, die angeben, welche Elemente grundlegend für den Kosmos sind; dazu gehören beispielsweise die Lehre von den vier Elementen, ihren natürlichen Orten und ihrer natürlichen Bewegung in Richtung auf ihren natürlichen Ort (in der sublunaren Sphäre) und die Doktrin von der scharfen Unterscheidung zwischen sublunarer und supralunarer Sphäre (also zwischen dem Raum unterhalb des Mondes und oberhalb des Mondes, der besetzt ist von Sterngöttern, die sich auf mathematisch exakten Bahnen bewegen). In seiner Wissenschaftstheorie *(Analytica Posteriora)* formuliert Aristoteles überdies eine große Zahl von *methodologischen Behauptungen*, z. B. über die Konstruktion erklärender empirischer Theorien (4.210); über Geometrie als naturwissenschaftlich angewandter Mathematik in der supralunaren Sphäre; über die Syllogistik als Logik der Wissenschaften; und über die analytisch-synthetische Methode. Und schließlich finden wir auch *problemorientierte Behauptungen* zur künftigen wissenschaftlichen Strategie und weiteren Ausarbeitung der Theoriebildung, z. B. zur Systematisierung der biologischen Einzeltheorien, zur Vereinheitlichung von Physik und Biologie, oder zur Verbesserung astronomischer Daten und Modelle (4.209).

Dasselbe gilt für die *cartesianische Physik*: Descartes hat viele physikalische Einzeltheorien entwickelt, z. B. in der Optik, Himmelsmechanik und Meteorologie, die aus *empirischen Behauptungen* bestehen. Aber es gibt auch einen expliziten *metaphysischen Rahmen* dieser empirischen Physik, beispielsweise die Annahme, dass es kein Vakuum gibt *(Plenismus)*, oder die Voraussetzung, dass alle physikalischen Interaktionen aus Druck und Stoß materieller Partikel bestehen und dass es keine Fernkräfte gibt *(Mechanismus)*. Zu den *methodologischen Behauptungen* der cartesianischen Physik gehören unter anderem die Empfehlung der Verwendung der analytischen Geometrie als Mathematik in den Naturwissenschaften, die Ablehnung der Syllogistik zugunsten einer Anwendung algorithmischer Regeln nach Kriterien der Klarheit und Distinktheit und weiterhin die Propagierung der analytisch-synthetischen Methode. Zusätzlich macht sich Descartes im Rahmen *problemorientierter Behauptungen,* auch Gedanken über die Erweiterung der wissenschaftlichen Forschung z. B. in Biologie und vor allem in Medizin und Psychologie.

Auch die *Newton-Mechanik* beruht auf bestimmten *metaphysischen Annahmen,* etwa auf einem Atomismus in Verbindung mit einer Kontinuitätsthese (»natura non facit saltus« – »die Natur macht keine Sprünge«), auf der Zulassung von Fernkräften wie der Gravitation (dies läuft auf eine Ablehnung des Mechanismus hinaus) und auf der These von der Existenz eines absoluten Raumes und einer absoluten Zeit. Im Rahmen dieser Metaphysik werden dann die drei berühmten Newton-Axiome formuliert, die ihrerseits zahlreichen *empirischen* Einzeltheorien zugrunde liegen, vor allem natürlich der Himmelsmechanik mit ihrer Gravitationstheorie. Zu den *methodologischen* Behauptungen Newtons gehören Empfehlungen für die Verwendung einer bestimmten Mathematik (die Newton-Mechanik propagiert nicht nur eine hypothetische Methode im modernen Sinne, sondern vor allem auch die Anwendung der neu entwickelten Differential- und Integralrechnung als angemessener Mathematik in der Physik). Und wenn sich Newton z. B. darüber Gedanken macht, wie man die Himmelsmechanik in einer möglichst komplexen Weise entwickeln kann, indem man z. B. mit dem einfachsten Modell (4.209) nur für zwei Planeten beginnt und dann immer mehr Himmelskörper einbezieht, dann handelt es sich um eine *Forschungsheuristik* (Strategie für die Lösung offener Forschungsprobleme) im Rahmen *problemorientierter Behauptungen.*

Der *Historische Materialismus* – um ein nicht-physikalisches Beispiel zu erwähnen – lässt sich ebenfalls auf diese Weise analysieren. Seine *metaphysischen Behauptungen* beziehen sich etwa auf die Differenz zwischen Basis und Überbau in allen Gesellschaftsformen der Moderne und auf das Basis-Überbau-Theorem. Aber es wird auch gezeigt, dass in vielen politisch-historischen Perioden der Moderne (z. B. um 600 v. u. Z. oder um 1600 n. u. Z.) die ökonomische Basis tatsächlich den Überbau in charakteristischer Weise bestimmt hat; hier handelt es sich um einzelne *historisch-empirische Theorien*. Die *methodologischen Behauptungen* des Historischen Materialismus werden dagegen meist unter dem Stichwort *Dialektik* verhandelt: die Dialektik stamme von Hegel, sei aber auf die Füße zu stellen (die dialektische Methode können wir heute als Vorschlag verstehen, spezielle funktionale und systemtheoretische Erklärungen in die Gesellschaftstheorie einzubringen, 5.294). Und die *Heuristik* dieser Theorie läuft natürlich auf die *problemorientierte Behauptung* hinaus, möglichst viele historische Perioden daraufhin zu überprüfen, ob sie der historisch-materialistischen Theorie entsprechen oder nicht.

Diese und zahlreiche weitere wissenschaftshistorische Beispiele legen eine *Erweiterung* des klassischen Theoriebegriffs zum Begriff der *Forschungseinheit* nahe, die nicht nur aus empirischen Behauptungen und Theorien besteht, sondern auch aus einer Metaphysik, einer Methodologie und einer Forschungsheuristik:

4.223 *Forschungseinheit*

Eine *Forschungseinheit* (als *erweiterte Form einer wissenschaftlichen Theorie*, 4.21) besteht aus metaphysischen Behauptungen, empirisch gehaltvollen (= synthetischen, 1.20) Behauptungen, methodologischen Behauptungen, und problemorientierten Behauptungen. Dabei gilt:
(1) Die metaphysischen Behauptungen sind gegenüber Kritik aufgrund empirischer oder methodologischer Behauptungen immunisiert.

> (2) Die empirischen Behauptungen bilden mindestens eine wissenschaftliche Theorie (4.207, 4.211).
> (3) Die methodologischen Behauptungen beschreiben zuverlässige Prüfverfahren (empirische Tests, Experimente) sowie die erlaubten formalen Operationen (Logik, akzeptierte Schlussverfahren, Mathematik).
> (4) Die problemorientierten Behauptungen skizzieren offene Probleme sowie erfolgsversprechende Lösungsstrategien.

Eine der wichtigsten Konsequenzen der wissenschaftshistorischen Wende der Wissenschaftstheorie ist, dass sich Metaphysik, Methodologie und Heuristik nicht mehr klar von empirischen Theorien (4.210) im klassischen Sinne abgrenzen lassen, weil sie in die Formulierung der empirischen Theorien eingehen. Zugleich werden Metaphysik, Methodologie und Heuristik damit aber auch einer *indirekten* empirischen Überprüfung zugänglich (auch wenn sie nach 4.223 (1) nicht direkt empirisch überprüfbar sind, ja sogar einer direkten empirischen Prüfung entzogen werden sollen). Denn wenn die Forschungseinheit keine guten empirischen Theorien mehr produziert, werden irgendwann nicht nur die schlechten empirischen Theorien, sondern der gesamte metaphysische, methodologische und heuristische Rahmen verworfen.

Es gibt daher aus dieser Perspektive zwei sehr verschiedene wissenschaftliche Aktivitäten: die Verbesserung einer gegebenen Forschungseinheit sowie die Verwerfung einer alten Forschungseinheit und die Entwicklung einer neuen Forschungseinheit.

4.224 *Wissenschaftliche Arbeit an einer Forschungseinheit*

(1) *Ausbau einer gegebenen Forschungseinheit:* Lösung von offenen Problemen unter Voraussetzung der Metaphysik mit den erlaubten Methoden und formalen Operationen zur Erweiterung, Präzisierung und Bestätigung (4.216–4.217) der empirischen Theorien (4.210).
(2) *Entwicklung einer neuen Forschungseinheit:* Neue Konzeption einer immunisierbaren Metaphysik, meist auch Entwicklung neuer methodologischer Regeln und formaler Operationen, demgemäß erste Festlegung einer Heuristik und erste Versuche der Etablierung empirischer Theorien (4.210).

Drei einflussreiche Varianten dieser Ideen sollen jetzt ein wenig genauer beschrieben werden. Die erste dieser Varianten (das Modell von *Kuhn*) geht davon aus, dass die Idee des kumulativen Fortschritts der Wissenschaften (4.220) historisch unangemessen und die Vorstellung einer linearen Theoriendynamik zu undifferenziert ist. Im Kuhn-Modell heißen die Forschungseinheiten *wissenschaftliche Paradigmen*:

4.225 *Das Kuhn-Modell*

(1) Forschungseinheiten sind wissenschaftliche *Paradigmen*. Ein *Paradigma* besteht aus:
   (a) einer vorbildlich gelungenen Lösung eines bestimmten Problemkomplexes *(mustergültige empirische Theorie)*;
   (b) einer Liste offener Probleme samt fester Lösbarkeitserwartung *(Heuristik)*;

> (c) einem Kodex von Regeln für wissenschaftliche Praxis (5.254) der Formulierung und Prüfung wissenschaftlicher Theorien (4.211) *(Methodologie)*;
> (d) einer verbindlichen Symbolsprache samt Operationsregeln *(Logik, Mathematik)*;
> (e) einem Komplex metaphysischer Grundannahmen *(Ontologie)*.
>
> (2) Es gibt zwei verschiedene Arten von Erkenntnisfortschritt:
> (a) *Normalwissenschaft:* Ausarbeitung und Verfeinerung eines Paradigmas, das seinerseits nicht angetastet wird, auch wenn nicht alle Probleme gelöst werden können; kumulative Theoriendynamik (4.220) im Rahmen des Paradigmas.
> (b) *Revolutionäre Wissenschaft:* Verwerfung eines Paradigmas und Entwicklung eines neuen Paradigmas, ausgelöst durch eine *Krise* und Zweifel an den Grundlagen des alten Paradigmas (der verwendeten Logik, Mathematik, Methodologie oder Ontologie); Inkommensurabilität (= Unvergleichbarkeit) von altem und neuem Paradigma (keine geteilte wissenschaftliche Sprache, keine gemeinsame wissenschaftliche Methode, keine übereinstimmende Ontologie); Übergang von einem Paradigma zum anderen nicht kumulativ, sondern in Form eines abrupten Gestaltwandels.

Im Kuhn-Modell soll die Normalwissenschaft die Kontinuität und die kumulativen Prozesse innerhalb der Wissenschaft erklären. Alle Phänomene werden im Lichte des anerkannten Paradigmas gesehen; daher sind Normalwissenschaftler nicht an der Falsifikation, sondern nur an der

Bestätigung (4.216–4.217) ihrer empirischen Theorien (4.210) interessiert. Das herrschende Paradigma gerät erst dann in eine Krise, wenn sich die Falsifikatoren (= Anomalien, 4.216 (2)) häufen und verschiedene, zum Teil unvereinbare Versionen des Paradigmas ausgearbeitet werden. Die Entwicklung eines neuen Paradigmas in der revolutionären Wissenschaftsphase kann hingegen nicht mehr wissenschaftsimmanent gerechtfertigt werden, weil sich die Anhänger des alten und des neuen Paradigmas nicht mehr auf gemeinsame Standards für die Beurteilung der konkurrierenden Paradigmen einigen können. Die Prinzipien geteilter wissenschaftlicher Rationalität scheinen theoretischer Propaganda und wissenschaftspolitischen Strategien zu weichen.

Dieser Konsequenz möchte eine alternative Theorie der Forschungseinheiten entgehen – das Modell von *Lakatos*, in dem die Forschungseinheit *Forschungsprogramm* heißt. Das Lakatos-Modell geht von ähnlichen Einschätzungen aus wie das Kuhn-Modell, möchte aber nicht nur die Kontinuität der Theoriendynamik, sondern auch die Abfolge der Forschungsprogramme rational rekonstruieren:

4.226 *Das Lakatos-Modell*

(1) Forschungseinheiten sind *wissenschaftliche Forschungsprogramme*, die aus folgenden Elementen bestehen:
   (a) *Harter Kern:* Menge von (evtl. metaphysischen) Hypothesen, die innerhalb eines Forschungsprogramms als unwiderlegbar gelten, auch wenn Anomalien auftauchen.
   (b) *Schutzgürtel:* veränderliche Menge von wissenschaftlichen Theorien (4.211), die immer wieder den Schwierigkeiten des Forschungs-

programms angepasst werden und unter Voraussetzung des harten Kerns eine Theorienreihe bilden.
- (c) *Negative Heuristik:* methodische Vorschrift über die Immunität des harten Kerns gegenüber Anomalien.
- (d) *Positive Heuristik:* methodische Vorschriften über die Strategie der Konstruktion neuer Theorien im Schutzgürtel.

(2) Es gibt *zwei Grundeinheiten der Theoriendynamik*:
- (a) Dynamik von Theorien innerhalb des Schutzgürtels: Sei $T = \{T_i\}$ $(i = 1, 2, \ldots)$ eine Reihe von Theorien; T heißt *theoretisch progressiv*, wenn in T jedes T_k mehr empirischen Gehalt hat als (d. h. mindestens eine neue beobachtbare Tatsache voraussagt gegenüber) T_{k-1}; T heißt *empirisch progressiv*, wenn T theoretisch progressiv ist und wenn in T für jedes T_k ein Teil des Überschusses an empirischem Gehalt gegenüber T_{k-1} bestätigt ist (d. h. wenn mindestens einige der vorausgesagten neuen Tatsachen eintreffen); und T heißt *degenerativ*, falls T nicht progressiv ist.
- (b) Dynamik von Forschungsprogrammen: Die Kontinuität wichtiger Theorienreihen wird dadurch gesichert, dass sie einem gemeinsamen Forschungsprogramm angehören.

(3) Bewertungskriterien:
- (a) Eine einzelne Theorie T_{k-1} soll *verworfen* werden, wenn es ein T und ein T_k gibt, so dass T_{k-1} und T_k in T sind und die Reihe T_{k-1}, T_k theoretisch oder empirisch progressiv ist.

> (b) Ein *Forschungsprogramm* F$_1$ soll zugunsten eines Forschungsprogramms F$_2$ *aufgegeben* werden, wenn F$_2$ eine stärker progressive Theorienreihe erzeugt als F$_1$, oder wenn F$_2$ progressive und F$_1$ degenerative Theorienreihen erzeugt.

Das Lakatos-Modell betont, dass mit (3)(b) ein *rationales* Kriterium zur Beurteilung von Forschungsprogrammen umrissen wird, auf das sich Anhänger *verschiedener* Forschungsprogramme einigen können. Allerdings zeigt die Wissenschaftsgeschichte, dass die – zu einer bestimmten Zeit rationale – Verwerfung eines Forschungsprogramms nicht endgültig sein muss. Wie beispielsweise die wechselvolle Geschichte des atomistischen Forschungsprogramms zeigt, können längst verworfene Forschungsprogramme später eine glanzvolle Auferstehung feiern. Das Lakatos-Modell spricht daher von einer *langfristigen Rationalität* in der Abfolge von Forschungsprogrammen.

Im Übrigen macht das Lakatos-Modell gegenüber dem Falsifikationismus (4.221) geltend, dass eine Falsifikation weder notwendig noch hinreichend für die Verwerfung einer Theorie ist und dass Experimente allein nicht zu einer Verwerfung von Theorien zwingen, sondern nur in Verbindung mit einer verfügbaren besseren Theorie (4.226 (a)).

Negative und positive Heuristik sind unabhängige, sich ergänzende Komponenten. Beide interagieren partiell, um das Programm zu stabilisieren und in Gang zu halten: In Descartes' Plenum-Theorie verbot die negative Heuristik ein Vakuum und Theorien der Fernwirkung. Die positive Heuristik generierte Hilfshypothesen für die Erklärung der Keplerschen Ellipsen. In Newtons Gravitationstheorie verbot die negative Heuristik Angriffe auf die drei

Grundaxiome und das Postulat der Gravitation. Die positive Heuristik forderte die Entwicklung der Infinitesimalrechnung, neue Beobachtungstheorien und ein vereinfachtes Sonne-Planeten-Modell.

Eine spezielle Variante der wissenschaftshistorisch orientierten Wissenschaftstheorie ist das *archäologische Projekt der Wissenschaftstheorie*, das vor allem mit dem Namen von Michel Foucault verbunden ist:

4.227 *Das archäologische Projekt der Wissenschaftstheorie*

(1) Die Zeugnisse der Vergangenheit, mit deren Hilfe die Geschichte des wissenschaftlichen Denkens rekonstruiert werden muss, sollten nicht als *Dokumente*, sondern im archäologischen Sinne als *Monumente* behandelt werden – also als *stumme Zeugen*, für deren Verständnis ihre Urheber irrelevant sind.

(2) Zentrales Ziel einer wissenschaftshistorisch orientierten Wissenschaftstheorie ist die Entdeckung *grundlegender intelligibler Strukturen* (Eigenschaften, Beziehungen oder Aspekte), die sich in verschiedenen wissenschaftlichen Bereichen einer bestimmten historischen Epoche entdecken lassen – Strukturen, die so allgemein sind, dass es sinnlos ist zu fragen, welche Subjekte diese Strukturen eingeführt, verteidigt oder bestritten haben (*Episteme* oder *Diskursformation*).

(3) Die Geschichte der Diskursformationen vollzieht sich in *kontingenten* Brüchen und Schüben (d. h. in Übergängen, die weder als notwendig noch als fortschrittlich rekonstruiert werden können).

> (4) Die Transformationen der Diskursformationen lassen sich ihrer Kontingenz wegen weder rational noch kausal erklären; ihre historische Darstellung ist zwar *informativ*, aber bleibt ausschließlich *narrativ* (= erzählend).

Das archäologische Projekt der Wissenschaftsgeschichte verwirft eine der fundamentalen Voraussetzungen der traditionellen Wissenschaftsgeschichtsschreibung – nämlich die These von der zentralen Rolle des menschlichen Subjekts als Gestalter der Dinge und Verfasser von Dokumenten (der Begriff des Subjektes wird hier nicht im technischen Sinne der Philosophie des Geistes (vgl. vor 3.166), sondern im alltäglichen Sinne von »handelnde Person« verwendet). Historisch können wir nur im Nachhinein feststellen, dass sich eine Episteme oder Diskursformation in verschiedenen Texten einer Epoche *manifestiert*. Diese Geschichte kann weder eine *rationale* Rekonstruktion bieten noch mit *explanatorischen* Ambitionen verbunden sein. Die These vom *Tod des Subjekts*, die mit der archäologischen Wissenschaftsgeschichte oft verbunden wird, ist keine ontologische Behauptung; sie besagt vielmehr nur, dass Subjekte in der Wissenschaftsgeschichte *explanatorisch* irrelevant sind. Man könnte daher von einem *explanatorischen Tod des Subjektes* sprechen.

Ein gutes Beispiel für eine Diskursformation ist die *klassische Episteme* des frühmodernen Europas. Die traditionelle Beschreibung der grundlegenden Entwicklung im 17. Jahrhundert verweist z. B. auf die Abkehr von der Technik des Kommentierens anerkannter Autoritäten und auf die Neigung, Theorien empirisch zu überprüfen und die Wissenschaften zu mathematisieren. Für die archäologische Wissenschaftstheorie dagegen ist die grundlegende Struktur der klassischen Episteme die *Analyse nach exakten Identitäten und Differenzen*, die mathematische Gestalt annehmen kann, aber nicht muss. Diese Struktur ist sichtbar z. B. auch in der zeitgenössischen Taxonomie, Grammatik und Ökonomie. Es handelt sich um eine fundamentale Verschiebung gegenüber der Episteme der Renaissance, die vom Aspekt der *Ähnlichkeit* beherrscht ist. So ist z. B. die *Naturgeschichte* im 17. Jahrhundert nicht mehr wie in der Renaissance ein Narrativ der Ähnlichkeiten unter anderem nach Hörensagen und unter Verwendung aller Sinne, sondern ist fokussiert auf visuelle Beobachtung mit dem Ziel einer exakten Taxonomie. In der *Grammatik* sind Zeichen nicht mehr, wie in der Renaissance, aufgrund der Ähnlichkeit intrinsischer (= die innere Natur bestimmenden) Eigenschaften mit dem Bezeichneten auf Gegenstände bezogen, sondern über Konventionen (5.248). Damit wird die *Ordnung* der Zeichenfolge wichtig, bezogen auf *simultan* gegebene Fakten. Und damit wiederum rückt die *exakte* Klassifizierung fundamentaler Zeichenrelationen in den Mittelpunkt (z. B. die Relationen der Zeichen untereinander, die Angabe der Bedeutungen oder der Referenz der Zeichen (1.10)). In der *Ökonomie* schließlich ist der Wert des Geldes nicht mehr, wie in Renaissance, auf dem Materialwert der Münzen gegründet, sondern wird ebenfalls konventionell bestimmt (5.248), d. h. jede Münze ist ein konventionelles Wertzeichen. Erst auf diese Weise wird eine exakte allgemeine Wertspezifikation aller Waren möglich. In diesen drei Fällen entsteht jeweils eine spezifische Episteme für drei verschiedene Bereiche: der abstrakte Tauschwertbegriff in der Ökonomie, der abstrakte Begriff der Organisation in der biologischen Taxonomie und die identische Tiefengrammatik für alle Sprachen. Zugleich weisen diese neuen epistemischen Organisationsformen auch strukturelle Ähnlichkeiten auf, beispielsweise neue Standards von Exaktheit und Abstraktheit.

Alle diese Elemente der klassischen Episteme des 17. Jahrhunderts waren notwendige Bedingungen (1.12) für die Formierungen spezieller Wissenschaften, definierten neue Denkstile, ließen eine Neubeschreibung und insofern auch Formierung wissenschaftlicher Objekte zu und repräsentierten Regeln, die in einer bestimmten Periode mehrere oder sogar viele Wissenschaften durchdrangen. Dies sind *wichtige Aspekte* von Diskursformationen oder Epistemai, die auch *Regeln der Formation von Begriffen, Objekten und Strategien* genannt werden. Diese Regeln können insbesondere methodologische Standards für die Konstruktion und Etablierung einzelner wissenschaftlicher Theorien einschließen – Standards, die auch *Wahrheitsspiele* heißen. Und es scheint in der Tat wenig sinnvoll zu sein, auch nur die *Frage* zu stellen, geschweige denn *erklären* zu wollen, auf welche Weise bestimmte historische Subjekte die Etablierung oder Transformation solcher Arten von Regeln oder Tiefenstrukturen initiiert haben.

Die wissenschaftshistorische und die archäologische Wende der Wissenschaftstheorie haben eine der wichtigsten und tiefsten Fragen zur Theoriendynamik der Wissenschaften in den Vordergrund gespielt. Diese Frage wird sichtbar, wenn wir bedenken, dass nach der wissenschaftshistorisch orientierten Wissenschaftstheorie sich die methodologischen Standards mit ihren Forschungseinheiten historisch wandeln können, und dass die methodologischen Standards der Theorienbildung den Kern der wissenschaftlichen Rationalität ausmachen. Sollten wir also annehmen, dass die wissenschaftliche Rationalität sich tatsächlich historisch wandelt, und dass wir daher einen Relativismus der wissenschaftlichen Rationalität vertreten müssen? Ein Relativismus der wissenschaftlichen Rationalität wäre die denkbar schärfste Form von Relativismus – schärfer als jeder Relativismus bestimmter Arten von Urteilen, beispielsweise ein ethischer oder ästhetischer Relativismus. Denn wenn unsere Rationalität, auf deren Grundlage wir alle deskriptiven Aussagen rechtfertigen, historisch relativ ist, dann gilt dies erst recht für alle unsere deskriptiven Aussagen. Damit wäre es nicht mehr möglich, vom *Fortschritt der Wissenschaften* zu reden. Holzschnittartig formuliert stehen sich heute in diesem Umfeld zwei weitreichende allgemeine Thesen gegenüber: die eine betont den grundsätzlich evolutionären und fortschrittlichen Charakter der Theoriendynamik unter Kriterien einer universellen wissenschaftlichen Rationalität, die andere bestreitet die Existenz einer universellen wissenschaftlichen Rationalität und betont stattdessen deren historische Wandelbarkeit.

4.228 *Allgemeine Thesen zur Theoriendynamik*

(1) Die *evolutionäre These*: Die Standards der wissenschaftlichen Rationalität haben transhistorische Geltung; diesen Standards zufolge kann bestimmt werden, welche Theoriendynamik ein wissenschaftlicher Fortschritt ist, und es lässt sich faktisch und historisch feststellen, dass die Theoriendynamik der Wissenschaften (zumindest der Naturwissenschaften) im Durchschnitt einen ständigen Fortschritt manifestieren.

(2) Die *relativistische These*: Die Theoriendynamik der Wissenschaften (auch der Naturwissenschaften) vollzieht sich zum Teil in Form einer Veränderung großer Forschungseinheiten, die auch eine Veränderung der Standards wissenschaftlicher Rationalität mit sich bringt; diese Standards haben daher keine transhistorische Geltung, sondern sind historisch relativ. Daher lässt sich kein Fortschrittsbegriff formulieren, auf dessen Grundlage die Frage auch nur sinnvoll gestellt, geschweige denn beantwortet werden könnte, ob die Wissenschaften im Ganzen eine kognitiv fort-

> schrittliche Entwicklung durchgemacht haben. Die Theoriendynamik der Wissenschaften vollzieht sich zum Teil in großen Schüben und Brüchen, die nicht rational rekonstruierbar oder erklärbar, sondern als kontingent anzusehen sind.

Wir sind dieser grundsätzlichen Frage zur Dynamik wissenschaftlicher Theorien in anderer Form übrigens bereits begegnet, nämlich im Rahmen der Diskussion des epistemologischen Kontextualismus (4.201, 4.203). Dort ging es um die historische Relativität des Wissens und insbesondere der Rechtfertigungs- und Begründungsformen von Wissensansprüchen ging. Es handelt sich hier um zentrale Aspekte unseres Welt- und Selbstverhältnisses. Daher ist es kaum verwunderlich, dass es erbitterte Debatten um diese Thesen gibt.

Für eine Diskussion der beiden Thesen in 4.228 ist es wichtig zu bedenken, dass die wissenschaftshistorische und archäologische Konzeption der Wissenschaftstheorie die *begrifflichen Ressourcen* enthält, um mit der *Möglichkeit* einer historischen Wandlung zentraler Standards wissenschaftlicher Rationalität rechnen zu können. Aber diese Konzeption allein impliziert nicht, dass es einen solchen Wandel bisher *tatsächlich* gegeben hat. Darüber kann nur solide und detaillierte historische Forschung entscheiden, in der die heute akzeptierten Standards wissenschaftlicher Rationalität bereits angewendet werden müssen; und die Resultate dieser Forschung sprechen heute eher für die Annahme, dass sich die zentralen Standards wissenschaftlicher Rationalität im Verlauf der dokumentierten Geschichte *nicht wesentlich geändert* haben.

Auch wenn sich die Standards wissenschaftlicher Rationalität und damit die Intelligibilität (= rationale Rekonstruierbarkeit) wissenschaftlicher Forschung historisch wandeln sollten, könnte dieser Wandel von uns nur dann festgestellt werden, wenn wir unterstellen dürfen, dass wir die historisch abweichenden Formen wissenschaftlicher Rationalität und Forschung zumindest angemessen *verstehen* können (und genau diesen Verstehensanspruch erheben Kuhn, Lakatos und Foucault). Die avanciertesten Theorien des Verstehens, allen voran der Interpretationismus (3.158–3.164), weisen jedoch darauf hin, dass gelingendes Verstehen eine große Zahl geteilter, für wahr gehaltener Meinungen und identische elementare Rationalitätsstandards von Interpreten und Interpretanden voraussetzt (3.161, Passage nach 3.176, 4.202 (2), Passage nach 4.205). Diese transhistorische Gemeinsamkeit ist mit dem radikalen Relativismus der wissenschaftlichen Rationalität unvereinbar.

Übungen

Vorbemerkung: Die Lösungen der Übungsaufgaben sollten möglichst prägnant formuliert werden. Reine Ja-Nein-Antworten reichen allerdings nicht aus. Die Antworten sollten stets unter Bezugnahme auf die entsprechenden Explikationen im Haupttext begründet werden.

Am Ende der Kapitel werden jeweils drei der einflussreichsten Artikel oder Buchkapitel zum Thema des Kapitels angegeben. Diese Originalarbeiten können bei der Durcharbeit des Grundkurses zusätzlich mit Gewinn gelesen werden. Sie können aber auch als Grundlage von jeweils drei weiteren Übungsaufgaben betrachtet werden, die sämtlich eine Analyse der Texte im Umfang von 3 bis 6 Seiten zum Inhalt haben. Die Texte werden daher mit einer AN-Nummerierung (AN für Analyse) den übrigen Übungsaufgaben hinzugefügt.

Übungen zu Kapitel 11: Wahrnehmungstheorien

105. (1) Angenommen, Christine sieht, dass Peter traurig ist; was ist die Erfüllungsbedingung dieser Wahrnehmung
  (a) nach der repräsentationalen Wahrnehmungstheorie (4.183),
  (b) nach der semantischen Wahrnehmungstheorie (4.184)?
(2) Angenommen, Christine sieht, dass Peter groß ist; wie würden
  (a) der direkte Realismus (4.180 (2)),
  (b) der indirekte Realismus (4.180 (3)),
  in der Wahrnehmungstheorie diesen Wahrnehmungsakt interpretieren?

106. Können Episoden des Scheinens der Sinnesdatentheorie zufolge (4.181–4.182) Sinnestäuschungen sein?

107. Skizzieren Sie aus philosophischer Sicht kurz die wichtigsten Stärken und Schwächen der kognitionspsychologischen Wahrnehmungstheorie TVS (4.186 und S. 42–43).

AN 11.1. Strawson, P.: Perception and its Objects. In: Dancy, J. (Hrsg.): Perceptual Knowledge. Oxford 1988. S. 99–112.
AN 11.2. Dretske, F.: Der repräsentationale Charakter der Sinneserfahrung. In: F. D.: Die Naturalisierung des Geistes. Paderborn 1998. Kap. 1. S. 13–48.
AN 11.3. Brandom, R.: Perception and Rational Constraint. In: Philosophy and Phenomenological Research 58 (1998) S. 369–374.

Übungen zu Kapitel 12: Epistemologie

108. Betrachten Sie folgende Sätze:
 (a) Charlotte kann töpfern.
 (b) Charlotte weiß, dass die Raum-Zeit gekrümmt ist.
 (c) Charlotte ist mit ihrem langjährigen Freund vertraut.
 (d) Charlotte ist damit vertraut, einen Automotor zusammenzubauen.
 (e) Charlotte hat gelernt, dass Caesar von Brutus und anderen Senatoren im März des Jahres 44 v. u. Z. erstochen wurde.
 (1) Welche fundamentalen Wissensformen (im Sinne von 4.189 und 4.204) liegen in (a)–(e) vor?
 (2) Versuchen Sie, Evaluationskriterien für die einzelnen Wissensformen anzugeben.

109. Angenommen, Peter
  (a) weiß, wie man einen gut fliegenden Drachen baut,
  (b) kennt seine Frau recht gut,
  (c) meint wahrheitsgemäß und gerechtfertigter Weise, dass Xenophon zur Erfindung der wissenschaftlichen Ökonomie beigetragen hat;
kennzeichnen Sie diese Wissensformen gemäß der Unterscheidung in 4.189.

110. (1) Nennen Sie ein Beispiel (a) für praktisches Wissen, (b) für technisches Wissen (begründen Sie diese Angaben durch den Nachweis, dass die Kriterien für praktisches bzw. für technisches Wissen nach 4.204 erfüllt sind).
  (2) Welcher der in 4.189 genannten Wissensformen ist (a) das praktische Wissen, (b) das technische Wissen zuzuordnen?

111. Angenommen, Christine meint, dass die Winkelsumme in Dreiecken 180 Grad beträgt. Skizzieren Sie gemäß 4.198 und 4.199 im Umriss (a) eine streng interne Rechtfertigung, (b) eine radikal interne Rechtfertigung, (c) eine gemäßigt interne Rechtfertigung, (d) eine externe Rechtfertigung nach der kausalen Wissenstheorie, und (e) eine externe Rechtfertigung nach der Verlässlichkeitstheorie.

112. Betrachten Sie folgendes Argument: *Wenn* S weiß, dass p und ¬ p gilt, *dann* weiß S alles.
Kommentieren Sie dieses Argument auf der Basis von 4.200 (c)

113. Betrachten Sie folgendes Beispiel:
  (a) Wir sehen unseren Freund Peter oft Platon lesen.
  (b) Wir meinen, dass Peter Platons Philosophie gut kennt.

(c) Wir meinen, dass Peter Platons Philosophie gut kennt oder dass Barbara (eine seiner Bekannten) Platons Philosophie gut kennt.
(d) Tatsächlich kennt aber Peter Platons Philosophie nicht gut, aber Barbara kennt Platons Philosophie gut.
(e) Wir meinen nicht, dass (d) gilt, weil wir keine Evidenz für (d) haben.

Fragen (4.196)
 (i) Ist angesichts (d) die Meinung (c) wahr?
 (ii) Ist angesichts (a) und (b) die Meinung (c) gerechtfertigt?
 (iii) Ist angesichts (d) die Meinung (c) kontingenterweise wahr?

114. Formulieren Sie jeweils zwei Sätze, die Wissen a priori bzw. Wissen a posteriori ausdrücken (4.192).

115. Erläutern Sie, inwiefern der epistemologische Kontextualismus (4.201) als eine Antwort auf den Skeptizismus (4.191 (3)) präsentiert werden kann.

116. Der Dualismus von Schema und Inhalt ist eine Form des epistmologischen Konstruktivismus, demzufolge unser Geist das Wissen über die Welt aus externen Stimuli konstruiert. Wie lässt sich dieser Konstruktivismus aus der Sicht externalistischer Bedeutungs- und Wissenstheorien kritisieren?

AN 12.1. Goldman, A.: Eine Kausaltheorie des Wissens. In: Bieri, P: Analytische Philosophie der Erkenntnis. Weinheim 1994. S. 150–166.

AN 12.2. Gettier, E.: Ist gerechtfertigte wahre Meinung Wissen? In: Bieri, P: Analytische Philosophie der Erkenntnis. Weinheim 1994. S. 91–93.

AN 12.3. McDowell, J.: Knowledge and the Internal. In: J. McD.: Meaning, Knowledge, and Reality. Cambridge (Mass.) 1998. S. 395–413.

Übungen zu Kapitel 13:
Allgemeine Wissenschaftstheorie

117. Betrachten Sie die folgenden beiden Beispiele sehr kleiner Theorien:
(a) T Jeder Körper hat seinen natürlichen Ort.
    Z1 Jeder Körper, der nicht an seinem natürlichen Ort ist und dessen spezifisches Gewicht größer ist als das seines Mediums, bewegt sich zu seinem natürlichen Ort (sofern dies möglich ist).
    Z2 Jeder ähnliche Körper hat den Erdmittelpunkt als natürlichen Ort.

Aus dem Theoriesatz T und den Zuordnungsregeln Z1 und Z2 folgt der Beobachtungssatz B.
    B Jeder ähnliche Körper, der nicht am Erdmittelpunkt ist und dessen spezifisches Gewicht größer ist als das seines Mediums, bewegt sich zum Erdmittelpunkt (sofern dies möglich ist).

(b) T1 Gott existiert.
    T2 Wenn Gott existiert, sorgt Gott für die Menschen.
    Z1 Gott sorgt für einen Menschen gdw dieser Mensch rechtgläubig ist. Auf diese Weise lässt Gott es ihm oder seinen Nachkommen gut gehen.
    Z2 Wenn Gott es einem Menschen gut gehen lässt, so fühlt dieser Mensch sich wohl.

Aus T1 und T2 folgt
    T3 Gott sorgt für die Menschen

Aus T3 und Z1 folgt:
    T4 Wenn ein Mensch rechtgläubig ist, so lässt Gott es ihm oder seinen Nachkommen gut gehen.

Aus T4 und Z2 folgt der Beobachtungssatz
    B Wenn ein Mensch rechtgläubig ist, so fühlt er sich wohl, oder seine Nachkommen fühlen sich wohl.

Bitte prüfen Sie, ob die Theorien (a) und (b) die zwei maßgeblichen Kriterien für Wissenschaftlichkeit (4.210 und 4.211) erfüllen, nämlich dass
   (1) der behauptete Satz B ein Beobachtungssatz sein sollte, und dass
   (2) Satz B deduktiv aus der Prämissenmenge der Theorie folgen sollte.

118. (1) Kann eine falsifizierte Theorie wissenschaftlich (im Sinne von 4.210 und 4.211) sein?
   (2) Kann es vernünftig sein, eine bestätigte und nicht falsifizierte wissenschaftliche Theorie zu verwerfen (4.219)?

119. Skizzieren Sie die zentralen Unterschiede zwischen der empiristischen und klassischen Standardinterpretation des Theorienaufbaus (4.212 und 4.215).

120. Warum erfordert erst das Akzeptanz- und Verwerfungskriterium für wissenschaftliche Theorien, nicht aber das Wissenschaftskriterium oder das Bestätigungs- und Widerlegungskriterium, die Untersuchung der Theoriendynamik?

121. Wie wird im kumulativen Modell, im Popperschen Modell, im Kuhnschen Modell und im Lakatos-Modell der Abfolge und Ablösung naturwissenschaftlicher Einzeltheorien (Modelle der sogenannte Theoriendynamik)
   (a) die Kontinuität der Theoriendynamik definiert und erklärt?
   (b) Wissensfortschritt innerhalb der Theoriendynamik beschrieben?
   (c) die Funktion der Falsifikation als Methode gesehen?

122. Welche intellektuellen Werte, d. h. welche Normen für intellektuelles Arbeiten, versucht die klassische Wissenschaftstheorie und der Falsifikationismus (siehe 4.210, 4.211 und 4.221) zu vermitteln?

123. Betrachten Sie Torricellis (1608–1647) Theorie und ihre Tests (A = Annahme, T = theoretischer Satz, D = Definitionen, B = Beobachtungssatz):

A 1: Luft ist eine Flüssigkeit, die den Gesetzen der Flüssigkeitsstatik (= Hydrostatik) genügt, insbesondere dem Satz, dass Flüssigkeiten auf die Körper, mit denen sie in Kontakt sind, Druck ausüben.

A 2: Die Erde ist von einem Luftgürtel umgeben (atmosphärische Luft).

T1: Luft übt Druck auf alle Körper aus, die mit ihr in Kontakt sind.

T2: Atmosphärische Luft übt Druck auf die Erdoberfläche aus.

T3: Atmosphärische Luft übt Druck auf die freie Oberfläche von Flüssigkeiten aus, die sich unter ihr befinden.

T4: Sind s und t Teile einer Flüssigkeitsoberfläche, und wirken auf s keine Kräfte, während auf t Druck durch atmosphärische Luft ausgeübt wird, so steigt die Flüssigkeit in s nach oben, bis ihr Gewicht dem Gewicht der Luftsäule gleicht (z. B. in U-Röhren).

D: Zwei Flüssigkeiten befinden sich in einer U-Röhre im Gleichgewicht, falls die Druckwerte, die sie an ihrer Schnittstelle aufeinander ausüben, identisch sind.

T5: Die größte Höhe, die eine Flüssigkeitssäule z. B. in der U-Röhre unter dem Druck der atmosphärische Luft erreichen kann, ist diejenige, die dem Gleichgewicht entspricht.

A 3: Eine Hebepumpe mitsamt der Flüssigkeit, in die sie teilweise getaucht ist, und der atmosphärischen Luft bilden eine U-Röhre, auf deren einen Teil (nämlich unterhalb des Pumparms) keine Kräfte wirken.

T6: Eine Hebepumpe kann eine Flüssigkeitssäule nur bis zum Gleichgewicht innerhalb der U-Röhre heben; operiert der Pumparm höher, entsteht ein Vakuum.

B1: Hebepumpen sind in der Lage, Flüssigkeiten zu heben.

B 2: Hebepumpen sind in der Lage, Flüssigkeiten nur bis zu einer bestimmten Höhe, und nicht darüber hinaus, zu heben.

B 3: Der Pumparm in Hebepumpen kann mit endlichen Kräften ein Stück weit über die maximale Hebehöhe für die Flüssigkeit gehoben werden.

Fragen:

(a) *Beweisen* die drei Beobachtungssätze Torricellis Theorie? Wenn nicht, wie stehen sie zu dieser Theorie methodologisch gesehen?

(b) Der Plenist Descartes (1596–1650) sagte vorher, dass die Wände einer Röhre, die ein Vakuum enthält, einbrechen werden, weil der Raum eine Substanz ist, deren Extension nur durch Füllung bestehen kann. Welcher der drei Beobachtungssätze ist relevant für diese Vorhersage – und in welcher Weise?

(c) Rekonstruieren Sie die logische Struktur der gesamten Theorie als Argument. Welche Aussagen bilden die Prämissenmenge, welche die Konklusion?

AN 13.1. Popper, K.: Vermutungen und Widerlegungen. Tübingen 1994. Bd. I. Kap. 1.

AN 13.2. Kuhn, Th.: Die Struktur wissenschaftlicher Revolutionen. Frankfurt a. M. 1976. Kap. II, III, V, IX.

AN 13.3. Laudan, L.: Science and Relativism. Chicago/London 1990. Kap. 1. S. 1–32.

Literaturhinweise

Grundlegende Literatur

Ayer, A. J.: The Foundation of Empirical Knowledge. London 1940.
Austin, J. L.: Sense and Sensibilia. Oxford 1962.
Chisholm, R.: Theory of Knowledge. Englewood (Cliffs.) 1966. – Dt.: Erkenntnistheorie. München 1971.
Davidson, D.: Der Mythos des Subjektiven. Stuttgart 1993.
Dretske, F. I.: Knowledge and the Flow of Information. Cambridge (Mass.) 1980.
Fraassen, B. van: The Scientific Image. Oxford 1980.
Gettier, E.: Is justified true belief knowledge? In: Analysis 23 (1963) S. 121–123. Dt.: Ist gerechtfertigte wahre Meinung Wissen? In: Bieri, P. (Hrsg.): Analytische Philosophie der Erkenntnis. Weinheim 1994.
Goldman, A.: Epistemology and Cognition. Cambridge (Mass.) 1986.
– Knowledge in a Social World. Oxford 1999.
Kuhn, T. S.: The Structure of Scientific Revolutions. Chicago 1962/1970. – Dt.: Die Struktur wissenschaftlicher Revolutionen. Frankfurt a. M. 1973.
Popper, K. R.: Objective Knowledge. An Evolutionary Approach. Oxford 1972. – Dt.: Objektive Erkenntnis. Hamburg 1973.
Sellars, W.: Empiricism & the Philosophy of Mind. Cambridge (Mass.) 1956/1997. – Dt.: Der Empirismus und die Philosophie des Geistes. Paderborn 1999.
Stroud, B.: The Significance of Philosophical Scepticism. Oxford 1984.
Williams, M.: Unnatural Doubts. Oxford 1991.
– Scepticism. Oxford 1993.

Einführung zu Kapitel 11

Price, H. H.: Perception. London 1950.
Wiesing, L.: Philosophie der Wahrnehmung. Frankfurt a. M. 2002.

Weiterführende Literatur zu Kapitel 11

Anscombe, G. E. M.: The Intentionality of Sensation: A Grammatical Feature. In: Butler, R. J. (Hrsg.): Analytical Philosophy: First Series. Oxford 1965.
Brandom, R.: Perception and Rational Constraint. In: Philosophy and Phenomenological Research 58 (1998) S. 369–374.
Chisholm, R.: Perceiving. Ithaca 1957.
Dancy, J. (Hrsg.): Perceptual Knowledge. Oxford 1988.
Dretske, F.: Seeing and Knowing. London 1969.
Goldman, A. J.: Epistemology and Cognition. Cambridge 1986.
Grice, H. P.: The Causal Theory of Perception. In: Proceedings of the Aristotelian Society Supplementary Volume 35 (1961) S. 121–152.
Jackson, F.: Perception: A Representative Theory. Cambridge 1977.
Marr, D.: Vision. San Francisco 1982.
McDowell, J.: The Content of Perceptual Experience. In: Philosophical Quarterly 44 (1994) S. 190–205.
Moore, G. E.: The Refutation of Idealism. In: E. G. M.: Philosophical Studies. London 1905.
Noë, A. / Thompson, E. (Hrsg.): Vision and Mind: Selected Readings in the Philosophy of Perception. Cambridge 2002.
Perkins, M.: Sensing the World. Indianapolis 1983.
Robinson, H.: Perception. London 1994.
Russell, B.: The Problems of Philosophy. Oxford 1912. – Dt.: Probleme der Philosophie. Frankfurt a. M. 1967.
Searle, J. R.: Intentionality. Cambridge (Mass.) 1983. – Dt.: Intentionalität. Frankfurt a. M. 1991.
Smith, A. D.: The Problem of Perception. Cambridge 2002.
Strawson, P. F.: Perception and its Objects. In: Dancy, J. (Hrsg.): Perceptual Knowledge. Oxford 1988.
Tye, M.: The Adverbial Theory of Visual Experience. In: Philosophical Review 93 (1984) S. 195–225.

Einführungen zu Kapitel 12

Audi, R.: Epistemology: Contemporary Introduction to Theory of Knowledge. London 1998.
Baumann, P.: Erkenntnistheorie. Stuttgart 2002.

Dancy, J.: Contemporary Epistemology. Oxford 1985.
– / Sosa, E.: A Companion to Epistemology. Oxford 1997.
Greco, J. / Sosa, E. (Hrsg.): The Blackwell Guide to Epistemology. Oxford 1999.
Pollock, J. L.: Contemporary Theories of Knowledge. London 1986.
Williams, M.: Problems of Knowledge. A Critical Introduction to Epistemology. Oxford 2001.

Weiterführende Literatur zu Kapitel 12

Bieri, P. (Hrsg.): Analytische Philosophie der Erkenntnis. Frankfurt a. M. 1987.
Bartelborth, Th.: Begründungsstrategien. Ein Weg durch die analytische Erkenntnistheorie. Berlin 1996.
Brendel, E. / Jäger, C.: Contextualisms in Epistemology. Dordrecht 2005. Auch als Themenheft: Erkenntnis 61 (2004) S. 143 ff.
Davidson, D.: A Coherence Theory of Truth and Knowledge. In: Henrich, D. (Hrsg.): Kant oder Hegel? Stuttgart 1983. S. 423–438. – Dt.: Kohärenztheorie der Wahrheit und der Erkenntnis. In: Bieri, P. (Hrsg.): Analytische Philosophie der Erkenntnis. Frankfurt a. M. 1987. S. 271–290.
– On the Very Idea of a Conceptual Scheme. In: D. D.: Inquiries into Truth and Interpretation. Oxford 1984. S. 183–198. – Dt.: Was ist eigentlich ein Begriffsschema. In: Bieri, P. (Hrsg.): Analytische Philosophie der Erkenntnis. Frankfurt a. M. 1987. S. 390–405.
DeRose, K.: Contextualism: An Explanation and Defense. In: Greco, J. / Sosa, E. (Hrsg.): The Blackwell Guide to Epistemology. Oxford 1999. S. 187–205.
Detel, W.: Wissen und Kontext. In: Vogel, M. / Wingert, L. (Hrsg.): Wissen zwischen Entdeckung und Konstruktion. Frankfurt a. M. 2003.
Dretske, F. I.: Knowledge and the Flow of Information. Cambridge 1981.
Goldman, A.: Discrimination and Perceptual Knowledge. In: A. G.: Liasions. Philosophy Meets the Cognitive and Social Sciences. Cambridge 1992.

Goodman, N.: Sense and Certainty. In: The Philosophical Review 61 (1952) S. 168–175.
Lehrer, K.: Theory of Knowledge. Boulder/CO 2000.
Lewis, C. I.: The Given Element in Empirical Knowledge. In: The Philosophical Review 61 (1952) S. 168–175.
Lewis, D.: Elusive Knowledge. In: D. L.: Papers in Metaphysics and Epistemology. Cambridge 1999.
McDowell, J.: Knowledge and the Internal. In: J. McD.: Meaning, Knowledge, and Reality. Cambridge (Mass.) 1998.
Nozick, R.: Philosophical Explanations. Cambridge 1981.
Pritchard, D.: Two Forms of Epistemological Contextualism. In: Grazer Philosophische Studien 64 (2002) S. 19–55.
Quine, W. V.: Epistemology Naturalized. In: V. W. Q.: Ontological Relativity and Other Essays. New York 1969. S. 68–90. – Dt.: Naturalisierte Erkenntnistheorie. In: V. W. Q.: Ontologische Relativität und andere Schriften. Stuttgart 1975.
Sellars, W.: Empiricism & the Philosophy of Mind. Cambridge (Mass.) 1956/1997. – Dt.: Der Empirismus und die Philosophie des Geistes. Paderborn 1999.
Steup, M. / Sosa, E. (Hrsg.): Contemporary Debates in Epistemology. Malden 2005.
Strawson, P. F.: The Bounds of Sense. Oxford 1966. – Dt.: Die Grenzen des Sinns. Frankfurt a. M. 1992.
Williams, M.: Unnatural Doubts. Oxford 1991.
Williamson, T.: Knowledge and Its Limits. Oxford 2000.
Wittgenstein, L.: Über Gewissheit. Werke. Bd. 8. Frankfurt a. M. 1984.

Einführungen zu Kapitel 13

Chalmers, A. F.: What is this thing called Science? Buckingham 1982. – Dt.: Wege der Wissenschaft. Eine Einführung in die Wissenschaftstheorie. Berlin 1985.
Hacking, I.: Representing and Intervening. Introductory Topics in the Philosophy of Natural Science. Cambridge (Mass.) 1982. – Dt.: Einführung in die Philosophie der Naturwissenschaften. Reinbek 1996.
Hempel, C. G.: Philosophy of Natural Science. New Jersey 1966. – Dt.: Philosophie der Naturwissenschaften. Köln 1974.

Lambert, K. / Brittan, G. G.: An Introduction to the Philosophy of Science. Atascadero 1970. – Dt.: Eine Einführung in die Wissenschaftsphilosophie. Berlin 1991.

Lauth, B. / Sareiter, J.: Wissenschaftliche Erkenntnis. Eine ideengeschichtliche Einführung in die Wissenschaftstheorie. Paderborn 2002.

Okasha, S.: Philosophy of Science – A Very Short Introduction. Oxford 2002.

Salmon, M. et al. (Hrsg.): Introduction to the Philosophy of Science. New Jersey 1999.

Schurz, G.: Einführung in die Wissenschaftstheorie. Darmstadt 2006.

Stegmüller, W.: Probleme und Resultate der Wissenschaftstheorie und Analytischen Philosophie. Bd. I–IV. Berlin 1969–1973.

Weiterführende Literatur zu Kapitel 13

Armstrong, D.: What is a Law of Nature? Cambridge 1983.

Boyd, R. / Gasper, P. / Trout, J. D.(Hrsg.): The Philosophy of Science. Cambridge 1991.

Diederich, W. (Hrsg.): Theorien der Wissenschaftsgeschichte. Frankfurt a. M. 1974.

Feyerabend, P. K.: Against Method. London 1975. – Dt.: Wider den Methodenzwang. Frankfurt a. M. 1976.

Fraassen, B. van: Laws and Symmetry. Oxford 1989.

Goodman, N.: Fact, Fiction and Forecast. Harvard 1965. – Dt.: Tatsache, Fiktion, Voraussage. Frankfurt a. M. 1975.

Kitcher, P.: The Advancement of Science. Oxford 1993.

Lakatos, I. / Musgrave, A.: Criticism and the Growth of Knowledge, Cambridge 1970. – Dt.: Kritik und Erkenntnisfortschritt, Braunschweig 1974.

Laudan, L.: Science and Relativism. Chicago/London 1990.

Papineau, D. (Hrsg.): The Philosophy of Science. Oxford 1996.

Popper, K. R.: Conjectures and Refutations. London 1972. – Dt.: Vermutungen und Widerlegungen. Tübingen 1994.

Suppe, F.: The Semantic Concept of Scientific Theories. Urbana 1989.

Register

Das Register listet die Begriffe und Positionen auf, die in den grauen Kästen erläutert werden. Die Haupteinträge sind fast immer Substantive. In den Untereinträgen wird zum Teil auch nach Adjektiven gelistet. Die Zahlen in Klammern geben die Nummer der Erläuterung (oder Definition) an, in der die gelisteten Begriffe vorkommen. Die Zahlen ohne Klammern geben die Seite an, auf der die zuvor genannte Erläuterung vorkommt.

Abgeschlossenheit des Wissens unter Deduktion (4.200) 69
Abgrenzungskriterium (4.211) 97
Abschlussprinzip
  qualifiziertes (4.200) 69
  starkes (4.200) 69
Akzeptanzkriterium (4.219) 120–121

Begriff
  empirischer (4.212) 100–101
  theoretischer (4.212) 100–101
Begründung
  externe (4.198) 63
  interne (4.198) 63
Begründungsstandard, kontextabhängiger (4.201) 72
Begründungstransfer (4.200) 69
Beobachtbarkeit (4.212) 100–101
Beobachtungssatz (4.188) 46–47
  relativ zu einer Theorie (4.214) 107
Beobachtungssprache relativ zu einer Theorie (4.214) 107
Beobachtungsvokabular (4.212) 100–101
  relativ zu einer Theorie (4.214) 107
Bestätigungskriterium
  deduktives (4.216) 110
  induktives (4.217) 111

Deduktivismus, wissenschaftstheoretischer (4.218) 119
Diskursformation (4.227) 136–137
Dokument (4.227) 136–137
Dualismus von Schema und Inhalt (4.205) 83

Empirismus
  allgemeiner (4.187) 46
  logischer (4.194) 56
  neuzeitlicher (4.193) 55
Entwicklung, kumulative (4.220) 122–123
Episteme (4.227) 136–137
Epistemologie
  antike (4.193) 55
  externalistische (4.199) 66–67
  traditionelle epistemologische Positionen (4.191) 53
  klassische (4.193) 55
Erfahrung, empirische (4.183) 26–27
Erfüllungsbedingung einer Wahrnehmung (4.185) 30–31
Erlebnis, Wahrnehmungs- (4.185) 30–31
Evidenz, bestätigende (4.216) 110

Falsifierbarkeit von Theorien (4.211) 97
Falsifikationismus (4.221) 123–124
Falsifikator (4.216) 110
Formalwissenschaft (4.208) 91
Forschungseinheit (4.223) 129–130
  Ausbau (4.224) 131
  Entwicklung (4.224) 131

wissenschaftliche Arbeit in
  (4.224) 131
Forschungsprogramm
  Aufgeben eines (4.226) 133–135
  harter Kern (4.226) 133–135
  negative Heuristik (4.226)
    133–135
  positive Heuristik (4.226)
    133–135
  Schutzgürtel (4.226) 133–135
  wissenschaftliches (4.226)
    133–135
Fundamentalismus
  axiomatischer (4.191) 53
  epistemologischer (4.191) 53
  fallibilistischer (4.191) 53
  klassischer (4.193) 55

Gebrauchsdefinition (4.182)
  23–24
Gegenstand (4.212) 100–101
  Repräsentation eines G. (4.185)
    30–31
Gehalt, subsprachlicher (4.183)
  26–27
Geist
  epistemische Rolle (4.206) 88
  kognitive Rolle (4.206) 88
Gettier-Problem (4.196) 59–60

Halluzination (4.181) 20
Heuristik (4.225) 131–132
  negative (4.226) 133–135
  positive (4.226) 133–135

Illusion (4.181) 20
Induktivismus, wissenschaftstheoretischer (4.218) 119
Inhalt und Schema (4.205) 83
Internalismus
  gemäßigter epistemologischer
    (4.198) 63
  radikaler epistemologischer
    (4.198) 63
  strenger epistemologischer
    (4.198) 63

Interpretation, partielle (4.213) 102
Interpretationssystem (4.213) 102

Kenntnis (4.189) 48–49
Kern, harter (einer Forschungs-
  einheit) (4.226) 133–135
Know-How (4.189) 48–49
Kohärentismus, epistemologischer
  (4.191) 53
Konjunktionsprinzip (4.200) 69
Konstruktion
  logische Konstruktion aus
    Sinnesdaten (4.182) 23–24
Kontext, epistemischer (4.202) 74
  besserer (4.202) 74
  schlechterer (4.202) 74
Kontextabhängigkeit des Wissens
  (4.201) 72
Kontextualismus, epistemologischer
  (4.201) 72, (4.203) 78–79
Krise (4.225) 131–132
Kuhn-Modell (4.225) 131–132

Lakatos-Modell (4.226) 133–135
linguistic turn (4.194) 56
Logik (4.225) 131–132

Mathematik (4.225) 131–132
Meinung
  superbegründbare (4.203) 78–79
  unterminierte wahre begründete
    (4.197) 61
  wahre (4.190) 50–51
  wahre gerechtfertigte (4.190)
    50–51
  wahre gestützte (4.190) 50–51
Methodologie (4.225) 131–132
Modell (4.209) 94
  abstraktes (4.209) 94
  Formen von M. (4.209) 94
  idealisiertes (4.209) 94
  semantisches (4.209) 94
  strukturelles (4.209) 94
  theoretisches (4.209) 94
Möglichkeit, irrelevante und
  relevante (4.201) 72

Monument (4.227) 136–137
Mythos des Gegebenen (4.195) 57

Narrativität historischer Darstellungen (4.227) 136–137
Normalwissenschaft (4.225) 131–132

Ontologie (4.225) 131–132

Paradigma (4.225) 131–132
  Heuristik (4.225) 131–132
  Methodologie (4.225) 131–132
  Normalwissenschaft (4.225) 131–132
  Ontologie (4.225) 131–132
  revolutionäre Wissenschaft (4.225) 131–132
Perspektive auf die Welt (4.206) 88
Popper-Modell (4.221) 123–124
Prinzip, epistemisches (4.200) 69
  der Abgeschlossenheit des Wissens unter Deduktion (4.200) 69
  des Begründungstransfers (4.200) 69
  Konjunktionsprinzip (4.200) 69
  qualifiziertes Abschlussprinzip (4.200) 69
  starkes Abschlussprinzip (4.200) 69
  Widerspruchsprinzip (4.200) 69
Progressivität
  empirirische (4.226) 133–135
  theoretische (4.226) 133–135
Projekt, archäologisches (4.227) 136–137

Rationalismus, neuzeitlicher (4.193) 55
Rationalität, universelle (4.202) 74
Realismus
  allgemeiner (4.180) 17
  direkter (4.180) 17
  indirekter (4.180) 17
  naiver (4.184) 29

Reflexivität von Wahrnehmungen (4.185) 30–31
Regelwissen (4.189) 48–49
Repräsentation
  eines Gegenstandes (4.185) 30–31
  einer Tatsache (4.185) 30–31

Satz
  Beobachtungssatz (4.188) 46–47
  gesetzesartiger (4.215) 108
Schema und Inhalt (4.205) 83
Schutzgürtel eines Forschungsprogrammes (4.226) 133–135
Selbstbezüglichkeit von Wahrnehmungen (4.185) 30–31
Sinnesdatentheorie (4.181) 20
  kausale (4.182) 23–24
  phänomenalistische (4.182) 23–24
Sinnesdaten (4.181) 20
  logische Konstruktion aus (4.182) 23–24
Skeptizismus, epistemologischer (4.191) 53
Struktur, intelligible (4.227) 136–137
Subjektivität von Wahrnehmungserlebnissen (4.185) 30–31

Tätigkeit, wissenschaftliche (4.221) 123–124
Tatsache, Repräsentation einer (4.185) 30–31
Theorie, wissenschaftliche (4.207) 90–91, (4.215) 108, (4.225) 131–132
  Abgrenzungskriterium (4.211) 97
  Akzeptanzkriterium (4.219) 120–121
  deduktiv bestätigte (4.216) 110
  deduktiv falsifizierte (4.216) 110
  deduktiv indifferente (4.216) 110
  degenerative (4.226) 133–135

Register

empirische (4.210) 95
empirisch progressive (4.226) 133–135
erweiterte Form (4.223) 129–130
induktiv bestätigte (4.217) 111
induktiv entkräftete (4.217) 111
induktiv indifferente (4.217) 111
kumulative Entwicklung (4.220) 122–123
theoretisch progressive (4.226) 133–135
Verwerfen (4.226) 133–135
Verwerfungskriterium (4.219) 120–121
Wissenschaftskriterium (4.211) 97
Theorienaufbau
empiristische Standardinterpretation (4.212) 100–101
klassische Standardinterpretation (4.215) 108
nicht-empiristische Standardinterpretation (4.215) 108
Theoriendynamik (4.228) 140–141
kumulative (4.220) 122–123
Grundeinheiten der Theoriendynamik (4.226) 133–135

Überzeugungswissen (4.189) 48–49, (4.190) 50–51
Unterminierungstheorie (4.197) 61
Ursache einer Wahrnehmung (4.185) 30–31

Verlässlichkeitstheorie (4.199) 66–67
Vertrautheit (4.189) 48–49
Verwerfungskriterium (4.219) 120–121
Vokabular
Beobachtungsvokabular (4.212) 100–101
theoretisches (4.212) 100–101

Wahrheit, interpretative (4.203) 78–79

Wahrnehmung (4.181) 20, (4.183) 26–27, (4.185) 30–31
Erfüllungsbedingungen (4.185) 30–31
nicht-propositionale (4.183) 26–27
primäre propositionale (4.183) 26–27
propositionale (4.183) 26–27
Reflexivität (4.185) 30–31
repräsentationale (4.183) 26–27
sekundäre propositionale (4.183) 26–27
Selbstbezüglichkeit (4.185) 30–31
Ursachen (4.185) 30–31
veridische (4.185) 30–31
Zuverlässigkeit (4.188) 46–47
Wahrnehmungserlebnis (4.185) 30–31
Wahrnehmungstheorie
allgemeiner Realismus (4.180) 17
direkter Realismus (4.180) 17
disjunktive (4.184) 29
indirekter Realismus (4.180) 17
kognitionspsychologische (4.186) 33–34
naiver Realismus (4.184) 29
kognitionspsychologische (4.186) 33–34
realistische Varianten (4.180) 17
repräsentationale (4.183) 26–27
semantische (4.185) 30–31
Widerlegungskriterium
deduktives (4.216) 110
induktives (4.217) 111
Widerspruchsprinzip (4.200) 69
Wissen (4.197) 61
als Kenntnis (4.189) 48–49
a posteriori (4.192) 54
a priori (4.192) 54
empirisches (4.192) 54
faktisches (4.189) 48–49
Formen von (4.189) 48–49
ideales (4.202) 74, (4.203) 78–79

kausale Theorie (4.199) 66–67
Know-How (4.189) 48–49
Kontextabhängigkeit (4.201) 72
kontextuelles (4.203) 78–79
praktisches (4.189) 48–49, (4.204) 79–80
propositionales (4.189) 48–49
Regelwissen (4.189) 48–49
technisches (4.204) 79–80
Überzeugungswissen (4.189) 48–49
Verlässlichkeitstheorie (4.199) 66–67
Vertrautheit (4.189) 48–49
wissenschaftliches (4.207) 90–91
Wissenschaft
empirische (4.208) 91
Formalwissenschaft (4.208) 91
Normalwissenschaft (4.225) 131–132
revolutionäre (4.225) 131–132
Wissenschaftskriterium für Theorien (4.211) 97
Wissenschaftstheorie
archäologisches Projekt (4.227) 136–137
wissenschaftshistorische (4.222) 125–126
Wissensdefinition
allgemeine (4.190) 50–51
nicht hinreichende (4.196) 59–60
traditionelle (4.190) 50–51
Wissensfundament, kontextabhängiges (4.201) 72
Wissenszuschreibung (4.202) 74

Zuverlässigkeit von Wahrnehmungen (4.188) 46–47